大展好書 好書大展

大展好書
好書大展

命理與預言50

骰子開運易占

立野清隆/著
李 芳 黛/譯

大展出版社有限公司　印行

前　言

本章第一是希望各位在日常生活中玩味「易占」之樂。第二是使初學者了解真正的易經。

在以科學為萬能的時代風潮中，易經曾被視為是迷信的一種，但這是非常大的誤解。易，實為東方古代偉大的智慧，與西方合理主義不同次元。

從「易占」中所得到的解答，與其他占卜不同。即使對於相同事情求得相同「易卦」，卻因占卜本人狀況不同，解釋與解答也不同。因此，有人批評易缺乏準則，「準也八卦、不準也八卦」。其實易與現實人生一樣，人生會遇到許多選擇，在選擇的過程中會遇到許多挫折，經過不斷檢討改正後，選擇最適合自己的方向。

本書介紹人人均可行的骰子占卜法，請立刻親自實際占卜看看，只有親身經歷的人才會驚嘆「易占之神秘」，並被其所感動。易能令你安心，是你的終身伴侶，不論你遭遇任何失敗、挫折，易都能夠讓你愈挫愈勇，帶給你生的勇氣。

目錄

第四章　助・易的基礎知識

第一章

占法・立刻學會的骰子易占

記入用紙

	〈占例〉		記入欄1		記入欄2		記入欄3		記入欄4		記入欄5	
第6投（上爻）	③	━										
第5投（五爻）	6	╍										
第4投（四爻）	1	━										
第3投（三爻）	1	━										
第2投（二爻）	3	━										
第1投（初爻）	2	╍										

爻位	〈占例〉	記入欄1	記入欄2	記入欄3	記入欄4	記入欄5
爻位	6					

骰子易占的正確方法

『易經』繫辭傳中所敘述說明的正確易占方法——亦即本筮法，非常繁雜卻不實用，而且要準備一般易者所使用的筮竹或算木，更是大費周章。

因此，本書介紹不論何時何處均可進行，非常簡便而且結果和筮竹占卜完全相同的占卜法——亦即骰子占卜法。

方法一：先決定想占卜之事。

方法二：準備一個六面體骰子（就是普通骰子）。

方法三：邊想著占卜之事邊搖六次骰子。

方法四：將出現點數填入前頁表格第2列（第1列是占例），從下往上依序填入，最下一欄空白。

方法五：出現點數爲奇數即陽（⚊）、偶數即陰（⚋）。依照此記號將方法四的結果數記入陰陽（參照第1列占例）。

↓卦完成。與占卜答案有關的現況。

找）。

方法六：最後再搖一次骰子。

方法七：出現點數填入最下欄。

↓爻位決定。表示在卦的現況中之位置。

方法八：從本書目錄中找方法五求得的卦（從上面3個記號即知是上卦，很容易找）。

方法九：打開指定頁讀說明，自己解釋占卜。

以下二頁解釋六十四卦閱讀法。

本書使用專門用語，只要習慣占卜後就會在不知不覺中記住。爲了幫助初學者了解易，第四章將介紹「助·易的基礎知識」。

另外，第二章末也會介紹比骰子更方便的3枚銅板占卜法，各位不妨試試看。

六十四卦閱讀法

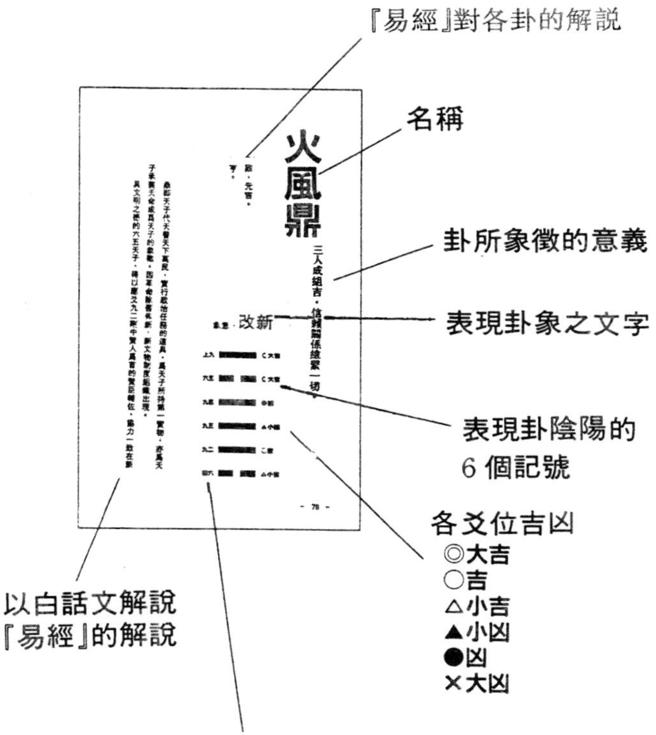

爻位的名稱。依骰子順序爲初、二、三、四、五、上爻，六代表陰、九代表陽。除了初爻與上爻之外，其他表示陰陽的六或九先說。（參考242頁）

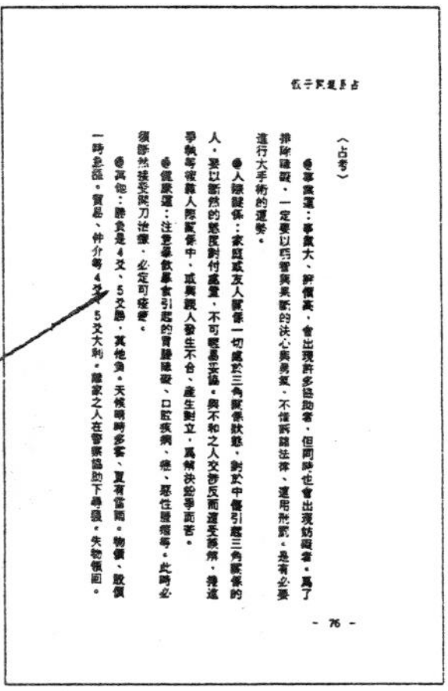
骰子開運易占

〈占考〉

●事業運：事業大、評價高，會出現許多協助者，但同時也會出現妨礙者。為了排除障礙，一定要以巧智與果斷的決心與勇氣，不惜訴諸法律、運用刑罰，是有必要進行大手術的運勢。

●人際關係：家庭或友人關係一切處於三角關係狀態，對於中傷引起三角關係的人，要以斷然的態度對付處置，不可輕易妥協。與不和之人交涉反而遭受麻煩，捲進爭執等複雜人際關係中，或與親人發生不合、產生對立，為解決紛爭而苦。

●健康運：注意暴飲暴食引起的胃腸障礙、口腔疾病、痔、惡性腫瘤等。此時必須斷然接受開刀治療，必定可痊癒。

●其他：勝負是4爻、5爻勝，其他負。天候晴時多雲，夏有雷雨。物價、股價一時急漲。貿易、仲介等4爻、5爻大利。離家之人在警察協助下尋獲。失物領回。

- 76 -

各卦的占考例。由此了解事業運、人際關係、健康運、勝負、物價、股價、離家之人、失物、天氣等各種占卜。

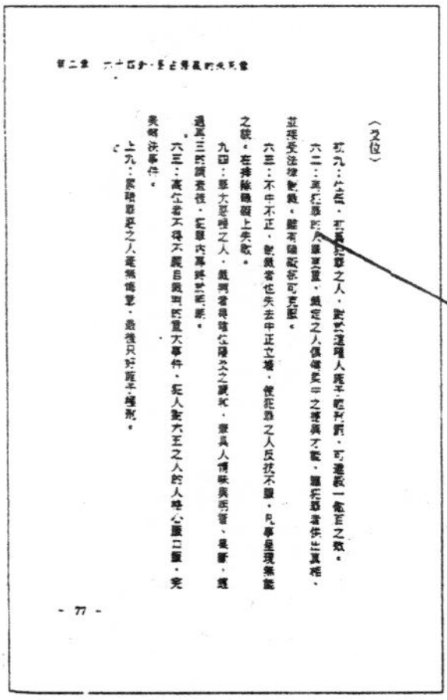
第二章　六十四卦・[illegible]

〈爻位〉

初九：[illegible]，若是犯罪之人，對於[illegible]人施予輕刑罰，可達殺一儆百之效。

六二：[illegible]之人嚴重處置，[illegible]之人僅[illegible]中之[illegible]與才能，讓犯罪者供出真相，並接受法律制裁，雖有阻礙亦可克服。

六三：不中不正，執裁者也失去中正立場，使犯罪之人反抗不服，凡事呈現無能之狀。在排除阻礙上失敗。

九四：罪大惡極之人，[illegible]之[illegible]，兼具人情味與明智、果斷，通過三[illegible]調查後，[illegible]。

六三：高位者不得不親自裁判的重大事件，犯人對大王之人的人[illegible]心服口服，完美解決事件。

上九：[illegible]惡之人毫無悔意，最後只好施予極刑。

- 77 -

爻位的解說。還不習慣的人可以參照前頁的記號閱讀。此處會出現一些專門用語，請參照第四章用語解說。另外有系統地閱讀第四章，可以加深對易的理解程度

占例・得到什麼答案

在此舉一占例，這是在筆者學生的結婚典禮上，實際占卜的例子。他結婚後出國留學，希望能取得學位，不知是否能達成願望。其出卦順序記載於第十頁表第一列。骰子順序爲231163，從下往上記入爲361132之順序。接著爻位是6，將6填入最下欄。最上列記號爲「上爻」，以○註明以便容易分辨。

再來將卦的陰陽記號填入爲䷱，立刻找目錄，上卦爲☲，亦即離卦，接著看下卦（下面3個記號顯示的卦）爲☴，得知本卦名爲火風鼎。依指示翻開火風鼎部分（七八頁）。首先火風鼎的象意是「改新」，依本文所指示，表示可期待新事物之發展。

另外從各爻位看（八十頁），上爻是上九（陽爻採用「九」的數字來代表，陰爻採用「六」來表示），運勢爲大吉。從爻位解釋來看，上九具有調和之意，可得長上提拔。再加上火風鼎的上卦是火，亦即八卦中的「離」（八卦將在第三章中詳述，從3個記號所表示出來的卦，讓你更能掌握內含深意）。這個離是名譽、文書、論文之意，因此，此卦暗示在寫論文取得學位的目的上，具有良好的未來。

然而如果占卜目的不同，例如占卜昨日、明日的天氣時，得到的結果也是完全相同。火風鼎是上九，從天氣方面解讀，首先和運勢一樣是大吉，亦即好天氣。上卦爲離，離從自然而言是太陽之意；下卦爲八卦的巽，巽即微風之意。換言之，有陽光、有微風，如果在冬季，則是如春日般的好天氣。

值得注意的是，如果得到與自己預料相反的卦，不可以一直重新擲骰子，「山水蒙」（䷃）卦中就嚴禁對同一占題二、三次立筮。

朱子（一一三〇～一二〇〇年，中國南宋學者，朱子學始祖）在『占筮之辭』中即稱：「某人（自己的姓名）對於某事有疑問處請教易，一切吉凶得失請以六十四卦明示。」這表示在占卜時應專心一意擲骰子。

第二章

六十四卦·易占潛藏的未來像

乾為天

幸運至極。自信過度則失敗。

乾，元亨利貞。

象意・**昇龍**

上九	━━━━	×大凶
九五	━━━━	◎大吉
九四	━━━━	△小吉
九三	━━━━	▲小凶
九二	━━━━	○吉
初九	━━━━	●凶

乾天是一元之氣的巨大威力，爲生人生物之始，當春季來臨時，草木發芽，亨是草木欣欣向榮的夏季狀態。利是成長之物在秋天結果，貞是將結果之物儲備過冬。在冬季保持生命力，然後反覆元亨利貞（只要意志堅定，凡事均可成功）。自然這種生成化育萬物的神秘性質，藉著龍這種神獸來說明。

〈占考〉

◉**事業運：**從八卦之乾（☰）的象意推測判斷，有對自己過於自信，凡事我行我素、獨斷的跡象，往往因此而導致失敗。最重要的是不要執著於自己的觀念，過於理想主義只會帶來反效果，多聽聽長輩的意見，才能跳脫自我瓶頸、拓展視野，並且得長上提拔達到成功。初爻、3爻與上爻爲凶，其他爲吉。

◉**人際關係：**相親、交涉事物雙方各執己見之處多，很難找出共同點，往往沒有好結果。如果能自我抑制即可在2爻及5爻上得到成功。

◉**健康運：**除了精神過度疲勞、自律神經失調之外，還有呼吸器官、心臟病、腦部疾病、頭痛、傳染病、厭食、暈眩、便秘等疾病。發冷、發熱反覆不斷、欠缺安靜，即使開始症狀輕微，也有愈來愈惡化的傾向，重病者危險。一般此卦表示身體健康。

◉**其他：**失物無法找出。離家之人出外追求夢想，不太可能回來。在商場上可能如日中天，但卻蘊含危險，即使勝利也維持不久。天氣一般而言晴朗，但夏季酷熱、冬季酷寒。

〈爻位〉

初九：位卑無力、無援助之人，積極出頭只會導致失敗結果，暫時隱忍自重。

九二：有實力可開始做事，但由於經驗不足，應聽從指導者的意見行動爲吉。

九三：不斷努力還是看不見成果，維持現狀程度。開始新規則會失敗。

九四：自下飛躍而上之意，有時能擔當重任，處事面面俱到，但時機尚未成熟，此時暫時等待，在舊事上孜孜不倦地努力。

九五：這是希望達成的大好運。應該要有積極進取心，掌握時機發揮潛力，上班族能得高位。由於運勢過强，女性及小孩反而應該小心。

上九：凡事衝過頭導致失敗，以前的努力功虧一簣。注意車禍而受傷。

天澤履

雖然身處危險地方，却能以柔制剛。

履虎尾，不咥人，亨。

象意·禮儀

上九	▬▬▬	○吉
九五	▬▬▬	△小吉
九四	▬▬▬	△小吉
六三	▬ ▬	×大凶
九二	▬▬▬	△小吉
初九	▬▬▬	△小吉

天高高在上，澤則位於低下處，代表力量關係、賢愚才能、上下貴賤身分等既定的社會秩序。少女不畏猛虎，戲弄其尾，虎也溫順不咥人，此即以柔克剛之意。此卦乾天於上、兌澤於下，乾爲剛强之德、兌爲柔和之美，在艱難的環境中，雖然面臨强悍的對手，卻能以柔順克服剛强，達到成功境界。

〈占考〉

◉**事業運：**多處於危險狀態，抱持與身分不相對稱的野心，或受高利貸、暴力集團脅迫，處於如拉老虎尾巴般危險的狀態，要想從這種狀態出脫非常困難，只好硬著頭皮一步一步往前進。在此保持內心和悅，尤其在冷漠的社會中始終以禮相向，堅持至最後一刻仍不懈怠，終能化險爲夷。

◉**人際關係：**談判、交涉的對象剛强，始終無法妥協，但是請你儘量以禮相待，除此之外別無他法，雖然中途可能有失敗的危險，但在凡事順應對方的情況下，終能得到圓滿結局。

◉**健康運：**恐有性病、呼吸器官疾病、激烈頭痛、憂鬱等惡性疾病之不安。有重症之危險（尤其是3爻），應慎選良醫，並遵照醫師指示。

◉**其他：**此卦爲1陰5陽，3爻的陰等於人的陰部，可視爲女子裸體像。親事不論男女均有肉體重於愛情的現象，婚後可能破鏡結局。商場、股票恐怕下跌，令人十分擔心。失物多半找不到，或者被刻意藏起。離家之人因色情因素不會回來。

〈爻位〉

初九：非應爻亦非比爻，爲孤獨爻，只能安分守己，不要有非分之想，守本分爲吉。

九二：實力十足卻難獲長上理解，雖然不得世人認同，只要以平淡心境坦蕩蕩地做事，必能不爲外在浮華所亂，故吉。

六三：不中不正之爻。雖然缺乏實力，卻一意孤行，過於自信而決定大事，一時的成功反而埋下仇種，遭來禍害、大失敗。

九四：因爲不中不正，所以處於容易受誤解的立場，但謹慎行動可得吉結果。

九五：擔任剛健中正的最高位負責人，有才有德，但卻過於獨斷，無視他人意見，所以常常造成行動偏差，有被孤立的危險。

上九：回想一下一路走來的痕跡，反省與思考是吉相的基礎。

天火同人

光明正大、無私利私慾。共同事業成功。

同人于野。亨。利涉大川。亨。利君子貞。

象意・**協同**

上九	━━━━	△小吉
九五	━━━━	◎大吉
九四	━━━━	▲小凶
九三	━━━━	▲小凶
六二	━━　━━	△小吉
初九	━━━━	△小吉

與人團結一致，向共同的目標邁進，光明正大，絕無私利私慾。此卦的九五與六二與中正之德對應，君子薈萃一堂同心協力，爲世人之典範，照亮整個社會。所謂「利涉大川」是像在大河上渡船一樣，不論歷經多少危險，最後終能成就大業。

〈占考〉

◉**事業運：**爲衆志成城的吉幸運氣，單獨行事不利。對於共同事業而言，人和最重要，但表面上協力，內在卻爲了有利之地位、權利、女色而激烈競爭。儘量集合多數性格、氣質、才能不同的人協力，如此即可達到相應的成功。

◉**人際關係：**興趣之類共通之事配合得很好，但在立場上最好不分彼此、同心協力的心態，才能在人際關係上求得順利。談判、交涉等對象多，之間恐怕有利害複雜關係，但大體而言，最後終能順利發展。女性應有不少追求者，求婚對象多得讓妳不知怎麼挑，不過最後還是能與初戀情人結成連理枝。

◉**健康運：**身心都健壯。疾病方面，容易感染流行性疾病，以及眼疾、心臟病、呼吸器官疾病。重病者有罹患併發症的危險，輕微者很快就會痊癒。注意過度疲勞引起的精神衰弱或異常。

◉**其他：**離家之人多有同伴，不必擔心。失物可能已經被轉手了。股價高漲。

〈爻位〉

初九：糾合同志、尋找伙伴共同謀事之良機，衆人同心協力爲吉。

六二：只拘泥於和自己喜歡的人爲伴，對於他人一概不管，由於挑選過度使得期待落空。

九三：過剛不正、高傲自大，一意孤行、請求手段的結果只有導致失敗。

九四：一心一意只想得到喜歡的人，但那卻不是自己的對象。好好反省，回歸自己的本分爲吉。

九五：一開始因爲和相戀之人的關係受妨礙而悲嘆，但只要憑實力努力不懈，終於能擄獲對方的心，雙雙步入結婚禮堂。

上九：非應爻亦非比爻，在孤獨的場所找不到志同道合的伙伴，但若能從人間煩惱中解放，反而能享受孤獨之樂。

天雷無妄

只要遵從天道、貫徹無心，終能得大成果。

無妄元亨利貞。
其匪正有眚。
不利有攸往。

象意·無為自然

上九	●凶
九五	○吉
九四	△小吉
六三	●凶
六二	△小吉
初九	○吉

毫無期待、希望之私心，只是盡自己的義務，至真至誠地以天命爲己任時，元亨利貞，亦即上天偉大的創造作用，將會得到預想不到的成果。但若存有私心私慾而爲時，因爲違背天命，便會遭來大災禍。「不利有攸往」就是暗示行事不順利。

〈占考〉

◉**事業運：**無妄是遵從天道而動，並非心存期待、希望，站在人道的立場而動，只能捨棄一切私念，聽天由命、不違背自然原理而為。初爻及5爻是順應自然而為得到良好結果，尤其在精神的學問、藝術、宗教、公益、社會等犧牲自我、奉獻心力活動方面，這是吉占。營利工作如果屬於為公衆服務，能為精神帶來安定的活動，就會得到好結果。

◉**人際關係：**誠心誠意、為長輩服務、為丈夫盡心犧牲自我、因無償的服務而喜悅，這種視一切付出為義務的心境將帶來吉兆。若談判、交涉、相親伴有願望、期待，則一切行為將進行不順。

◉**健康運：**乍看之下為疾病症狀，但實際上非疾病，只要放置不管，自然能夠癒合。本來就是健康的身體，擔心這擔心那，人為妄想只會帶來惡果。

◉**其他：**一切聽天由命、順其自然是最佳良方。

〈爻位〉

初九：地位正低，無野心與期待，只要善用上天賦予的才能順應天理行動，萬事得吉。

六二：柔順中正、誠心正意以天命爲己任，順應天理行動必得吉。

六三：因爲處於不中不正的位置，不知不覺遭來災難，或無犯罪事實卻被疑爲有罪，應警戒。

九四：不中不正無應爻，處於凡事不得的境遇，結果反而平安無事。

九五：剛健中正之爻，但有時會有飛來橫禍發生，例如災難、疾病等，這時不須投藥或運用各種方法解決，放任即可自然解消。

上九：違背自己的信念，勉强自己順應自然天理，結果反而遭來災禍，應特別注意。

天風姤

意料之外的偶然多，警戒反而不得。

姤，女壯，勿用取女。

象意・**邂逅**

上九	▲小凶
九五	○吉
九四	●凶
九三	▲小凶
九二	△小吉
初六	▲小凶

姤是相逢之意，指無意中的相遇。陽爻最後出現陰爻，這個陰爻乍看之下很弱，但實際上卻有強大的威力，在言詞、態度、行動方面均具有魅力。女性往往會受男性誘惑而墮落，所以這種不貞不義的女性不能娶。一般而言，雖然因一時偶然、僥倖而得幸運，但反而容易惹禍上身，終至破滅。應警戒。

〈占考〉

◉**事業運：**這是不期而遇的卦，所以期待可能落空，會在偶然的機會裡得到意想不到的結果。突然想到的事、突然遇到的人，都是意料之外工作的開始，不論善惡都會往預期以外方向前進。小心遇到不良女性拐騙、不肖商人詐欺、車禍等意外。

◉**人際關係：**不論相交的女性多有魅力，她的身旁都有衆多男性追求，並與多數男性同時交往，這種女性絕對不是賢妻人選。此外，這位女性可能會誘惑你做壞事，所以當她對你特別友善時，你就得當心了，一定要與她保持距離才安全。而現在平穩的家庭關係，很可能因突發事件而面臨破碎境地。

◉**健康運：**突然感染感冒會併發肺炎等合併症，可能因疏忽而得重病。

◉**其他：**交涉、談判容易被惡德惡商牽引，應注意對方有陰謀陷阱，不要大意而導致失敗。離家之人或失物會在偶然機會找到。股價急跌。天氣有驟雨、烏雲。

〈爻位〉

初六：小人不中不正，容易受人引誘，輕信對方的花言巧語，結果嘗到失敗經驗。

九二：具備剛中之德，不會被初六的小人禍波及，以自己的立場處置他人誘惑，無過失。

九三：過剛不中，沈迷於初六的魅力誘惑中，不安定，結果無功而終。

九四：不中不正，與初六的不正關係對應，但初六可止於九二，如果不甘心而與九二爭，即爲凶。

九五：具有剛健中正之德，不會像初六般受小人誘惑，或過於激烈地追求，能適切地處置。

上九：不中不正、過於剛强、欠缺包容力，因爲有潔癖所以不會受小人誘惑，對任何人均敬而遠之。

天水訟

對周圍的不滿爆發前，謹慎控制訟事

訟，有孚塞，
惕中吉，終凶，
利見大人，
不利涉大川。

象意・訴訟

上九	●凶
九五	◎大吉
九四	▲小凶
六三	△小吉
九二	▲小凶
初六	△小吉

訴訟是因爲認爲自己有理，爲了自己當然的權利而引發爭執，不論是勝是敗，都會使氣氛不融洽。最好還是雙方妥協比較好，固執地非要訴諸於訟事，將會遭來凶結果。遇訴訟之事時，最好和如九五般人格見識高尚的人商量。此卦代表事物處於不協調狀態，容易與人發生爭執，凡事容易失敗。

〈占考〉

◉**事業運：**天高高在上，水愈流愈低，兩者呈反方向運作，屬於不同層次的兩面。現在似乎處於工作上的逆勢期，老闆與職員意志相反，尤其職員可能因薪資過低而爆發不滿情緒。職員彼此之間處於對立狀態，正是人際關係最惡劣的分裂現象，因此一切計畫、資金融資等都會受挫。除了5爻以外，一切積極行動都應謹慎，方針本身矛盾之處也多。

◉**人際關係：**此卦表示與長上對立，或爲了爭權利而勞動抗爭，親子、兄弟、夫婦因繼承權、財產爭奪等原因反目成仇。期待的親事、交涉等一切人際關係，很可能出現糾紛而發展成訴訟事件。凡事停止爲吉。

◉**健康運：**自律神經失調、血行不順所造成的高血壓、排泄系統疾病、腦病、心臟病、肺病等醫藥難治的重病多，也很可能醫師對疾病有不同的看法，導致用藥失誤等問題。

◉**其他：**天候不順、長期下雨，因農作物收成不佳造成物價不穩定。這是股價暴跌、公司不安消息多的時候。離家之人、失物凶意强，與犯罪事件有關場合多。

〈爻位〉

初六：在低地位，沒有什麼才能，持續不平不滿。因膽怯而缺乏自己的主張，但這反而帶來好結果，最好保持忍耐。

九二：具備剛中的才能、道德，因爲正義感而爲了部屬的待遇與上司爭論，不過勝算機率不大，凡事還是保守一點比較好。

六三：從不中不正的境遇抑制不平不滿，雖然處於動盪之中，只要能安分守己、甘於現狀、專心本分工作即可平安、得吉。

九四：不中不正的陽爻。想對長上訴説自己對境遇的不滿，但評估得與失後放棄此念頭，專心本來工作反而讓你反失爲得。

九五：具有剛健中正之德與才能，對於所有人的訴訟事或不平不滿公平正大地裁斷，能爲大衆所接受、信服，故爲吉。

上九：不中不正在此卦的極限，無論如何一定要訴訟到底，雖然一時得勝，結果還是失敗、喪失信用。

天山遯

新舊交替時。視狀況明快決斷。

遯，亨，
小利貞。

象意・**隱退**

上九	▅▅▅▅▅	◎大吉
九五	▅▅▅▅▅	◎大吉
九四	▅▅▅▅▅	○吉
九三	▅▅▅▅▅	●凶
六二	▅▅　▅▅	△小吉
初六	▅▅　▅▅	▲小凶

陰爻的小人之勢旺，代表君子的陽爻勢衰。當新舊交替之時，君子被小人陷害而逃，這時急流勇退反而能貫徹自己的志向。

冷靜分析時勢，如果有挽回時勢的對策時，積極實行；若無法挽回時勢，則應潔身而退。因戀棧權位不退而身敗名裂的事例不少。

〈占考〉

◉**工作運：**與其開始新事物，不如從現在位置隱退。諸事退爲吉、進爲凶。這是新舊交替時刻，守舊已經不合潮流，在尚未被小人逼迫之前，君子當固守貞操，寧可潔身退隱，勿成小人攻擊的箭靶。4爻、5爻、上爻均是潔身而退確保安全。

◉**人際關係：**捨棄舊人際關係，與慾求不滿的小人斷絕來往，這是追求興趣、學問、藝術等高尚君子之交的大好時機。談判、交涉、相親各方面都一樣，不但不要積極追求，還要想辦法謝絕。

◉**健康運：**陰氣從腳部開始進攻，自覺體力、氣力衰弱，這時應控制激烈運動，充分休養最重要。因成人病或疲勞所產生的疾病很多，身心靜養才能維持健康。重病之人精力衰退，漸向危險。

◉**其他：**談判、交涉、買賣、親事均凶，只要潔身而退就無大礙。離家之人、失物一去不返。比賽、考試敗北。物價很低。天候不佳有雨。

〈爻位〉

初六：喪失隱退時期，但只要以普通心從事現在的工作就會平安無事。

六二：柔中守德，一旦決心隱退，便處事有則地面對社會現實，以自我犧牲的方式博得衆人信任。

九三：係遯的危厲之象。由於隱退動作明顯，反而受到小人的質疑，必須爲辯解所苦。

九四：以理智克服感情，雖然雜音多，但仍不受誘惑，因此得吉。而小人無法辦到便遭來災禍。

九五：剛健中正之德，在該退時退，絕不戀棧，因此得到讚賞。

上九：應退即退、應爲即爲，沒有猶豫與不安，以悠閒的心情自在生活，無往不利。

天地否

惡事纏繞非常事態。靜待時機。

否，之匪人。
不利君子，貞。
大往小來。

象意・否塞

上九	▬▬▬	◎大吉
九五	▬▬▬	○吉
九四	▬▬▬	▲小凶
六三	▬ ▬	▲小凶
六二	▬ ▬	○吉
初六	▬ ▬	△小吉

天地陰陽不通、上下意志不合的社會環境出現，這是小人的天下，在此狀態中，即使想貫徹光明正大之道與小人交戰，也沒什麼效果，而且很可能反而受害。因此，君子在小人氣勢尚未衰退之前，不要接受一切榮譽、俸祿，應該隱退以保持廉潔之

身。

〈**占考**〉

◉**事業運：**從卦的意思來看，現在開始人際關係、資金往來、買賣等均會受挫，因爲一切均處於不正常狀態。從整體而言，這是不調和、不公平、不行正道的狀態，只能做表面工夫。不過，即使表面工夫使你工作順利，你也很可能捲入小人支配的社會關係，因此而墮落。不過此卦到5爻、上爻一變而爲吉意。

◉**人際關係：**不正關係或正常關係瓦解。轉化爲敵對關係，立場相反，親子、兄弟、夫婦、友人之間關係惡化，可能反目成仇或別離。即使在不好的事情上同心協力，也無法維持永續關係。

◉**健康運：**血行不順、下痢等正常循環欠佳的症狀多。藥效缺乏作用，精神與肉體不安定。重病者生命垂危。胃癌、食道癌、高血壓等病累積在體內，等發現時已經太晚了。剛發病容易治療。

◉**其他：**談判、交涉、相親、買賣不利。比賽輸。尋人、尋物不著。股市崩盤。天候晴後多雲。

〈爻位〉

初六：在與人意志不太疏通的權力社會組織中，如果受錄用就不要想太多，順應爲吉。

六二：柔順中正，不論在什麼時代、什麼環境中，都能被採用，從外表看起來是吉。然而當你看清事實後，就會回歸自己的正道，不受小人社會誘惑。

六三：在否的權力社會中，被有權者重用，同流合污地行不正，在光明正大之道被阻塞時，眼前只有惡德之人創造天地否的社會。

九四：否的時代過了頂點，不正常與不合理漸消，追求健全的社會。少數派同志聚集行動爲吉。

九五：具備剛健中正之德，與志同道合之士共同創造健全社會。但總是不安著，不知什麼時候狀態又會一轉爲否。

上九：否的時代終於結束，現實否定小人之道，成爲君子行正道的光明正大社會環境。人人自由生活。

澤天夬

急進導致破滅。不要焦躁地跟隨時勢。

夬，揚于五庭。孚號。有厲。告自邑，不利卽戎。利有攸往。

象意·決潰

上六	×大凶
九五	△小吉
九四	●凶
九三	●凶
九二	△小吉
初九	●凶

夬是水溢出決潰之意。一國之富、權力、一家繁榮等無際增大時，一定會從內部產生崩壞現象，此卦有陽長之勢抑制不了陰衰之意。一直到小人決潰離去，內部剛强、外部和悅時，陰才會自然消滅。如果一味剛强而爲，恐怕只會招致不幸。

〈占考〉

◉**事業運：**從水溢出決潰之卦意來看，事業多半處於無限擴大、瀕臨破滅的邊緣。當初因凡事剛强而到現在這個地步，未來則只有保守是上策。想開始新事業的人，很可能因性急而暫時嘗到成功甜頭，但隨之而來的，便是意想不到的失敗。只要你不焦不躁，順應時勢自然而爲，便能帶來吉意。

◉**人際關係：**注意與平日不合對象爭吵、打鬥。因爲先入爲主的觀念，即使對方意見很好，你也持反論，這樣一定會使雙方關係惡化，應該要好好反省人際關係。凡事不要著急，心平氣和地談判、交涉才是上策。

◉**健康運：**因交通事故、運動而有受傷、頭部損傷的危險。腦溢血、心臟病、動脈瘤破裂等病況激烈情形多，幾乎到了絕望地步。此外，呼吸器官毛病、精神錯亂、宿便不通等輕微症狀也有轉爲重症的凶兆。

◉**其他：**談判、交涉、交易、相親等因激進而破裂。勝負爲勝，但激進爲凶。股價暴跌。尋人有疾病的危險。尋物有缺損。天候多雲後雨。

〈爻位〉

初九：位低、過剛不中，看不見大局。由於排除小人的正義感，使你恃壯急進，但由於時機不對，貿然而行，結果無功而返。

九二：陰爻陽爻得中庸，不要猛進，與志同道合之士商量後再行動，如此即使遭遇危險也能適切地處置。

九三：過剛不中，小人猛進敗北，但君子與上六相呼應，能大義滅親，最爲小人懷恨，所以有凶象。只要忍耐最後必成吉象。

九四：不中不正，欠缺氣力、志向，猶豫徘徊、進退兩難。缺乏分辨善惡的智慧，不會應對。

九五：有必除去小人的決心，不由於小人接近而受其諂媚、有所徇私，中道而行，終能如願。

上六：陰柔小人的最高位，小人在新時代潮流中逆勢而行，已無其立足點，終於滅亡。

兌為澤

興趣與實益雙重享受之卦。大事不宜。

兌亨。利貞。

象意·和悅

上六	▅▅ ▅▅	●凶
九五	▅▅▅▅▅	△小吉
九四	▅▅▅▅▅	○吉
六三	▅▅ ▅▅	●凶
九二	▅▅▅▅▅	○吉
初九	▅▅▅▅▅	○吉

兌就是悅，我也悅人也悅、上下皆悅之意。此卦代表事事順心、喜悅之象。內心誠實真意，堅持遵守正道，外表以柔和的態度與人交往。這是順天之道，與人心吻合。另外，此卦還有與友人一起求學問、教學相長、互相得利之意。

〈**占考**〉

◉**事業運：**由衷熱愛工作，因爲興趣與實益一體，所以進行得很順利。一般而言，會在與休閒關係方面娛人並自娛，工作得很高興。但大事業有中途受挫的危險，雖然表面上看起來好像不錯，但可能因想法太天真而導致失敗。多經營餐飲業，語言、才藝等補習班，小規模吉，大規模恐怕資金不足。容易沈溺於遊樂。

◉**人際關係：**在興趣、讀書會上結交志同道合的朋友，維持良好人際關係。透過工作交朋友，大致而言情況良好。年輕男女能在戀愛或友情的交流中喜悅度日。很可能在交際、娛樂費上開銷大，最好眼光放遠再行動。不要因某人而冷落某人，應常保笑容。

◉**健康運：**歡樂至極產生呼吸器官疾病、口腔炎、牙痛、感冒、腫瘤、陰部疾病等，疾病多半已經潛伏在體內很久了，恐怕得花上一段時間才能治癒。如果一開始輕忽病情，可能成爲慢性疾病。

◉**其他：**尋人，與異性出走不再回來。尋物不著。天候在秋季爲晴天，其他季節雨天。遷移、旅行需謹慎。比賽輸。

〈爻位〉

初九：位正，沒應爻及比爻，只要自己內在充實、誠意，即可保有和諧人際關係，吉。

九二：具備剛中真心與人交往，不但不會被六三的小人誘惑，還會感化引導對方。吉幸運勢。

六三：不中不正的小人千方百計施予誘惑，但你始終不爲所動，因此遭到排斥、輕侮的凶禍。

九四：因爲不中不正，所以不知該往哪一方向前進，不論人際關係或工作方面，都脫離本來目標，等你尋回本來正道後才得吉。

九五：具備剛健中正之德，對於小人的誘惑自信過剩，這樣反而會太接近小人，有在不知不覺中受其誘惑的危險，要注意。

上六：以引誘他人、發揮柔順的工夫見長，雖一時成功，結果是自他均不幸。

澤火革

改革的時期。即使犧牲也要貫徹真實。

革，已日乃孚，
元亨利貞，
悔亡。

象意・**革命**

上六	⚋	○吉
九五	⚊	◎大吉
九四	⚊	○吉
九三	⚊	△小吉
六二	⚋	△小吉
初九	⚊	●凶

這是大改革，亦即革命的重要時期，在時機尚未成熟之前，不可輕舉妄動。即使時機已至，但仍有制度組織、進行方法等不適應的矛盾產生，此時只有真心誠意的改革決心，才會贏得天下衆人的信服，歡迎新制度、新組織。只要改革成功，革命的過

失也消滅。

〈**占考**〉

◉**事業運：**此卦爲秋季虎豹換毛之意，也具有世代交替的意味。既然稱爲革命，當然就可能有犧牲者，這是激烈競爭的結果。但還是請在維持和平改革方面多費些苦心。舊方針、舊經營設備、舊習慣等守舊派爲凶、新規改革派爲吉。一開始（初、2、3爻）困難，最後（4、5、上爻）成功。

◉**人際關係：**清算舊人際關係，爲了踏上新人生而努力，這是新舊交替的氣運。身分、地位、工作改變的情形多，談判、交涉、相親等對他關係也因變動而難以應付，可能被舊勢力干擾。只要改變態度，找到和解方針即可使情勢好轉。

◉**健康運：**呼吸器官疾病、咳痰之苦、季節流行病、吐血、便血、衰弱等容易產生激烈變化。脫水症狀等危險性多，奇病也多，只要數日，危險期一過就可好轉。臟器內腫瘤、癌症等長期病，可以試著換主治醫師，或換個場所治療，可得好結果。

◉**其他：**談判、交涉、相親、買賣容易發生變更，所以確認契約很重要。比賽得勝。股價大漲。尋人不回。尋物不得，即使有也變了形。天候與現在狀態不同，大致爲多雲。

〈**爻位**〉

初九：位正剛强，即使具備斷然改革的能力，但缺乏應爻、比爻，時機尚未成熟，等待爲吉。

六二：與剛中的九五呼應，是斷然改革的時機，更改計畫會得到好結果。

九三：因爲過剛不中，所以凡事有做過頭的傾向。切記勿獨斷專行，應期待改革呼應聲才行動。

九四：陰位陽爻得中和，卦也過半，所以時時改革可得成功，吉。

九五：具備剛健中正之德，革命完成。受天命而爲最上位者，舊制度、人事煥然一新，蓬勃發展。

上六：革命大業完成，上級至下級人事均適材適所，人心爲之大振。在革命成功喜悅之中，有一部分懷舊之人，放置即可。

澤雷隨

人往有好處的地方集中。順應天理得安樂。

隨，元。亨。利。貞。無咎。

象意·隨行

上六	▬▬　▬▬	△小吉
九五	▬▬▬▬▬	◎大吉
九四	▬▬▬▬▬	▲小凶
六三	▬▬　▬▬	▲小凶
六二	▬▬　▬▬	▲小凶
初九	▬▬▬▬▬	○吉

當你跟隨對方時，對方也會喜悅地跟隨你，一切行動爲均通達順暢，得到好結果。但此場合一定要追隨光明正大之道才行，順情勢、隨人和去做事，必有平安吉利。追隨才能高、地位高的人做事，當時機成熟時，他必定會提拔你。

〈**占考**〉

◉**事業運：**身分、地位高的有才者追隨地位、才能低的人，與其說是積極發展，不如說是表裡互通，或者歸隱田舍之意。這時只能順應自然，不論換工作、換職務都必須追隨時勢。但雖然氣定神閒，卻有沈溺於興趣、遊樂，忽略本業的危險。

◉**人際關係：**雖然跟在不如自己的人後面，心裡多少會有些不滿，但這也是不得已的情況。何不趁此機會磨練特殊才藝，好好利用這個悠閒機會，修習副業或工作方面技能爲吉。

◉**健康運：**精力衰退、腳氣、肺疾病、心臟病等，重病之人危險性大、老人家也有危險，如果因輕微而放任不管，會惡化成不治之症。此象意爲一病之後合併另一病的重症。

◉**其他：**談判、交涉、買賣等都配合對方，靜待時機才能掌握勝算。尋人只有等待。失物，有耐心地尋找。比賽得勝。物價、股價開高走低。天候爲雨後放晴。

〈爻位〉

初九：自己的地位、職業有變化，但不受人的拘束，信守自己的正道。踏出門外光明正大，行動得吉幸。

六二：受初九的影響，得柔中之勢，但過於膽小，與六三的小人無法斷絕關係，很可能因此失掉初九及九五的大好良機。

六三：與上位的九四有關，即使捨六二得私利，也因爲與不中不正的同志交往而缺乏持久性，好結果終究只是短暫的。

九四：在不中不正陽剛才能的高位，擁有衆多部屬，權勢鼎盛，有凌駕九五之勢，行動要謹慎。

九五：剛健中正爲部屬信服，以至誠之心處事，凡事得吉幸。

上六：從現職退隱擔任顧問之類的職務，得到衆人仰慕。你之所以有今日，不是單憑個人之力，必須誠心感謝大家支持。

澤風大過

八方不調和。凡事均因過於重大而難修正。

大過，棟撓，
利有攸往。
亨。

象意・**過重**

上六	▅▅ ▅▅	●凶
九五	▅▅▅▅▅	▲小凶
九四	▅▅▅▅▅	○吉
九三	▅▅▅▅▅	×大凶
九二	▅▅▅▅▅	△小吉
初六	▅▅ ▅▅	△小吉

此卦是2、3、4、5爻連續陽剛，占據卦的中央部分，就像棟樑過大，支撐棟樑的初六與上六陰爻之柱過弱，呈現不協調狀態，代表這房子瀕臨傾倒的危險。此時不可放任不管，應尋求適當解決方策，一定得拯救這個危險狀態。

還好九二與九五具備剛中之德，可藉下卦的巽順之道，與上卦的兌悅之德達到成功。

〈**占考**〉

●**事業運：**因爲工作内容不調和、不均衡，所以繼續從事現在的工作不太可能，一天到晚得擔心破產。可能因借貸金額過大、利息支付過多、人事費用開銷過大、重要幹部意見不一、信賴關係喪失、内部産生分裂等重大事故，使得問題相當棘手，不可能適當處理。公共事業還好，私人企業恐怕得破産了。

●**人際關係：**性格剛强，容易與具社會地位才能者發生口角爭論，導致精神上的疲勞。萬事相背、意見不一，爲環境所苦。

●**健康運：**暴飲暴食造成成人病、高血壓、肥胖。缺乏均衡營養造成心臟病、糖尿病，還有過度疲勞引起神經病變，如果放任不顧或老年人，很可能因此而死亡。因中風而無法行走的例子不少。

●**其他：**尋人，有小災、受傷等生命危險。天候爲大雨後造成洪水。價值從高點滑落。

〈爻位〉

初六：凡事必須謹慎，就像貴重的珠寶置於柔軟絨毛上才不會受傷一樣。

九二：下卦的巽是楊柳木，上卦的兑水能使枯楊得到初陰滋潤而長出新芽。代表即將凋零的家族能得到子嗣繼承煙火。

九三：正當大過之時過剛不中，勉强尋求解決之策造成失敗破產。

九四：陰位陽爻。應仔細聽聞應爻初六的意見，尋求穩健便捷的方策妥善處理，拯救破產危機。過於自信、積極反遭凶禍。

九五：位於剛健中正之德的最高地位，但大過時無良臣輔佐，不得已只好求救於上六般無能之人，最後導致失敗。

上六：處於大過危險狀況的極限狀態中，雖然自己竭盡全力，但在毫無準備的情況下縱身跳入危險中，只有慘遭滅頂。

澤水困

物質心靈兩面貧窮。忍耐困苦不求助為吉

困，亨。貞，大人吉，無咎，有言不信。

象意·窮困

上六	⚋	▲小凶
九五	⚊	○吉
九四	⚊	△小吉
六三	⚋	×大凶
九二	⚊	△小吉
初六	⚋	●凶

此卦是在九二、九四、九五之陽爻上下隱藏陰爻，無法自由行動。上卦的兌底洩水，下卦的坎池及澤完全喪失機能，處於窮困狀態。資金、資材、人材均不得，面臨物質與精神雙方面貧窮，單憑一己之力無法脫離困苦，但此時絕對不要向外力求助，或博取他人同情，只要忍耐堅守正道，必得吉幸。

〈**占考**〉

◉**事業運：**因資金、資源不足而貧困，被某事物絆住而不得自由，這時很需要他人協助，但此時運勢爲忍耐困苦，等待最佳時機來臨，除此之外別無他法。雖然面臨自助無力、求助無功的困境，但只要忍耐度過這一段困境，平安就在眼前了。

◉**人際關係：**所有陽爻都被陰爻蓋住的運氣，在借錢中過日子，一切正論都行不通，長久維持的人際關係也令你感到不舒服。

這時忍耐最重要，只有邊和屈辱感戰爭，邊體會人情冷暖。現在是處於無法得到對等正常人際關係的狀態。

◉**健康運：**身心俱衰、疾病多，如感冒、咳痰、子宮癌、胃癌、腸癌、精力虛脱等，手術後狀況也不佳。失眠、食慾不振、體力衰弱、便血、痔瘡等病均可藉精神力往好方向發展，所以要堅定和病魔戰鬥的精神。

◉**其他：**天候大雨或雲雨。股價下跌或保值。尋人只能空等。談判、交涉只有些微協調。相親爲凶緣。選舉會因資金不足而落選。

〈爻位〉

初六：不中不正位低、缺乏智慧謀慮。雖與九四相應，但受九二妨礙，難得九四助力，持續處於苦難狀態。這是自業自得。

九二：具備剛中之德的實力者，但受初六與六三小人晦影而困苦潦倒。此時唯有養精蓄銳靜待時機，貿然行事只有失敗。

六三：不中不正，與初六或上六的小人共行不正，結果自己處於大苦中進退不得。

九四：困苦時得不到良者協助，沒辦法只好與初六的小人成爲不中不正的同志。

九五：居剛健中正之德的最高責任者地位，爲了拯救目前窮困而人事大刷新，終於脫離苦境。

上六：在高位爲了達成自己不正的野心，於是接受小人的陰謀引誘，結果導致失敗。反省爲吉。

澤山咸

直覺感產生。配合直覺，萬事順利。

咸，亨。利貞，取女吉。

象意・感應

上六	▲小凶
九五	△小吉
九四	▲小凶
九三	●凶
六二	△小吉
初六	△小吉

此卦爲山受澤滋潤，澤因山而不乾涸。山與澤相互交應，就像年輕男女彼此感應，天地萬物因互相感應而得以欣欣向榮。但互相感應必須在正道上，沿著正道才能享受感應的喜悅。男性與女性結婚吉，天地間萬物均藉天地兩氣感應而生成化育。

〈占考〉

◉**事業運：**著重從感情、直覺解釋事物，並非凡事非講理不可。經過充分的調查與分析後，一切均以直覺判斷爲基礎，速度快才能掌握大成功。

綿密的調查與再檢討不可托延時效，搶佔先機是制勝關鍵，內心的直覺觀感能讓你求得好運。

◉**人際關係：**與情投意合之人開始交往，男女進入戀愛階段，若彼此有共感而結婚是吉幸。但一般以感情、感覺爲交往中心，往往缺乏持續性，没辦法獲得真實的愛情，分手也快。

◉**健康運：**感冒、性病等傳染性流行疾病。病勢有惡化傾向，應節制色慾。早期完全根治，化暗爲明，女性可能誤爲懷孕。

◉**其他：**凡事速戰速決。物價、股價急漲，快買者贏。比賽得勝。天氣多雲有雨，雨中短暫晴朗。

家人有色情問題離家。談判、交涉先行調查。

〈爻位〉

初六：與九四相應而進，互爲不中不正的同志，不會積極進展，尚無吉凶可言。

六二：柔順中正，應與九五爻相應，但若受九三誘惑而輕舉妄動，則爲凶象。

九三：過剛不中，容易受上六誘惑而妄動，或受六二比爻誘惑而缺乏信念。

九四：介於不中不正之位，應該和初六應爻感應，但卻出現不光明正大的偏頗私情。不中不正的同志感應無法永久持續。

九五：從人體而言，背部是感覺力最弱的部位，不爲任何事感動，無慾無求，裹足不前。

上六：凡事立即感應，表現於言語動作上，器量小而心淺。

澤地萃

物質與人力匯集。能調停二人則大吉。

萃，亨。王假有廟。
利見大人，亨，
利貞。用大牲，吉。
利有攸往。

象意・繁昌

上六	⚋	●凶
九五	⚊	○吉
九四	⚊	◎大吉
六三	⚋	△小吉
六二	⚋	○吉
初六	⚋	△小吉

迎接衆人匯集、物質豐足的繁榮時代。這得感謝天地之神、先祖之靈的庇蔭，藉著盛大祭典聊表孝心與誠意。因此誠心而統合的人心，開始在這豐足的時代爲和平而活，不爲慾望而爭。在豐足繁榮的時代中，求私利私慾的人也不少，對於爭亂、不正的頹廢社會道德，大家有警戒的必要。

〈**占考**〉

◉**事業運：**物與人匯集，是開創事業的大好運勢，但以爲中心的二個人會發生各種問題，關於業務的目標也有二個，因此在選擇上產生困擾。首先得調停這二人，事業才可能成功、繁昌。另外，可能因過剩生產而使價格下滑。整體而言，華麗文宣攻勢可得成功。

◉**人際關係：**交往重要人物不論是長上、異性、同事，經常都是以二人爲一組，在這二人當中，不知該以誰爲主，無意中發生三角關係的誤解。你必須用心維護，才不會失去這二個重要伙伴。與他人歡樂交往、舊識重新交往、與離別之人再會的喜悅、積極出席同學會及其他聚會都很好。

◉**健康運：**小心食物中毒、食道癌、胃癌等難治疾病，長期疾病多半恢復無望，有必要進行手術徹底解決。治療併發症也很重要。此外，惡性腫瘤等重病者，爲危險期，有聚集近親之意，爲凶占。

◉**其他：**尋人在人多的繁華街道、展覽會場、運動比賽場、男子裸身像溫泉、游泳池等處。比賽得勝。物價、股價下跌。天候雨。失物不回。

〈爻位〉

初六：對於現在所從事的工作、合作伙伴，會迷惘著自問是否是自己真心所追求，反省後發現的確別無追求後，復歸於本來人事。

六二：具有柔順中正之德，與九五應爻，真心相待不變節，從事自己本業得吉。

六三：找不到協助之人與適合的工作，這時必須暫時忍耐等待。

九四：衆人聚集，富與權強大，但自己謹守分際不驕傲，所以大吉。

九五：具剛健中正之德，位最高位。部屬仰慕九四的權力與實力，但不嫉妒，守中正之德，泰然自若最佳。

上六：爲找不到自己的場所、孤立而悲嘆，無內在的高位維持不長久。

火天大有

絕佳運氣。可擴展業務、飛躍、發展。

大有，元，亨。

象意・**富有**

上九	◎大吉
六五	◎大吉
九四	○吉
九三	△小吉
九二	◎大吉
初九	△小吉

大有是擁有許多人、物，爲盛大豐富之卦，太陽高照萬物處於盛道。六五的首長得柔中、具文明之德，應爻的九二具剛中之德，其他4陽剛爲天下所有有才之賢人，能服從六五之首長，發揮其才能，藉著他們的助力，你將有大發展。

〈占考〉

◉**事業運**：得天時的絕佳好運氣，應努力擴展事業、爬升地位，你的努力一定會得到適合的回應、相稱的利益，成功之途無阻礙。當然，擴展的業務需要適任人材，你能從職員中挑選最優秀的員工擔任。

但如果任用中級以下員工或新進人員，恐怕事業會漸往下坡走。爲了維持盛運，必須有相應的付出。

◉**人際關係**：與好運之人交往，你也能因此得到幸運之神的眷顧。應選擇正大光明的人交往，以利益爲中心的舊交應謝絕，交往時講究派頭的人也應敬而遠之。

◉**健康運**：此卦對重病人而言是凶兆，老年人可占斷往生。注意肺、心臟及其他發燒疾病，大多數會有併發症，爲咳痰所苦。高血壓、腦部疾病病情惡化，藥效喪失，陷於危險中。小病不醫會成大病。

◉**其他**：比賽得勝、考試及格。物價、股價維持高檔。天氣晴。一切選舉、地位晉昇均吉。

〈爻位〉

初九：無應爻、比爻，專心於富有，沒有散財之人，即使被指責、中傷亦無妨。

九二：具備剛中才能，得應爻的柔中首長信任，不論多大任務均可擔負，像個可信賴的母親一般。

九三：陽位、陽爻，不但富有，且富智慧與經驗，以此豐富經驗協助六五，但必須是善意，絕不可是惡事、惡智慧。

九四：住高可比六五，具有實力，權勢凌駕於六五首長之上，但這是陰位陰爻，所以應謹言慎行，以免受首長懷疑。

六五：柔中具上卦離的文明之德，虛心保持現在大有的狀態，得有實力的5陽爻賢人協助是吉幸。

上九：盛運能維持至此，可說是因順天應理、天佑神助的結果。

火澤睽

不和睦就得不到協助。以和為貴、避免大事。

睽，小事吉。

象意・**反目**

上九	▅▅▅▅	△小吉
六五	▅▅　▅▅	○吉
九四	▅▅▅▅	●凶
六三	▅▅　▅▅	△小吉
九二	▅▅▅▅	○吉
初九	▅▅▅▅	△小吉

下卦兌水下降，上卦離火上升，火水互不相融。兌爲少女，離稱中女，幼年時兩女同居一處，其志不同行，代表不合狀態。6爻中初爻以外位不正，表示彼此感情、意志不相合。由於無法和合協力，所以不但小事不可能，大事更困難。萬物互爲二個個體，背向而行，只能依自己個性發揮。

〈占考〉

◉**事業運**：相反的二個目的矛盾地結合爲一，與不得不合作的伙伴意見不同，價值觀也不同，最後終於反目成仇，一切大事都不可能進行。資金運用難，不但人際關係瓦解、爭論不斷，中傷與阻礙也多，繼續下去只有失敗的分。成功首要之道在得人和，摒棄成見與對方溝通才能帶來好結果。

◉**人際關係**：氣味不相投的同志爲了非得合作不可而苦惱。雖然平心靜氣溝通後能夠互相理解，但卻容易爲了一些小事而爭吵。

一開始一點點小摩擦、小裂痕，到最後裂縫大得怎麼補也補不回來，本來不錯的朋友也可能反目成仇，所以與人交往特別小心言行。

◉**健康運**：注意肺機能障礙、吐血、精神錯亂、精神病、血行不順引起的各種疾病、傳染性疾病、性病（女性）、產褥熱、產後腫等。可能誤診無法對症下藥而使病情加重。小病應立即就醫。

◉**其他**：天候晴有雲。比賽輸。物價、股價一開始跌，接著急漲。

〈爻位〉

初九：位正，無應爻、比爻，所以不要輕舉妄動，沈著地與本來應該是應爻的九四没有任何牽扯，就可將凶意消失於無形，反而爲吉。

九二：剛中之德，有主僕相遇之象。應當和顏悅目地與之商量反目狀態的解決之道，必定有成。

六三：因與應爻的上九有不中不正的關係，所以與彼此情事無關也會造成雙方誤解，但直接面對面把話説開，就可解除疑惑。

九四：不中不正與初九害應不相合，但實質上同是剛爻，因此兩人意見雖不同，卻有溝通的餘地，應借助朋友之力以逢凶化吉。

六五：具備柔中之德，與九二剛中賢人相應，得其協助化解一切與他人不和合的狀態。

上九：因孤獨而疑心生暗鬼，遠遠看見應爻的六三，以爲是敵人，近看後才知是近親。上前與之遇合後誤解全消，化疑雲爲甘霖。

離為火

學習前代吉。秉持信念終至成功。

離利貞。亨。

蓄牝牛，吉。

象意・**繼承**

上九	▅▅▅▅▅	△小吉
六五	▅▅　▅▅	○吉
九四	▅▅▅▅▅	×大凶
九三	▅▅▅▅▅	●凶
六二	▅▅　▅▅	◎大吉
初九	▅▅▅▅▅	▲小吉

天地萬物皆有所屬，日月高掛於天，草木附著於地，各有各的歸宿，然後能成大作用。

離卦具有利於正、得亨通之象徵。因上下之離卦重疊，附著於大正中道，教化天下形成文明社會。又由於離卦是陰卦，若一度附著於六二的中正明德，則必如小牛般柔順跟隨，得吉。

〈占考〉

◉**事業運：**繼承家業的場合，大致能順利承襲先人的做法。另外對於工作有一時熱衷，但不久就冷卻的傾向，一直更換看似景氣的工作、業務，爲此疲於奔命。精神不安定，方針不確定，目標總有二個以上，在選擇的迷惘中行動，當然無法長久持續。請務必經過深思熟慮後再決定事情、付諸行動。

◉**人際關係：**採秘密主義而封閉自己的心，所以對方也有所警戒而將心門關閉，彼此平行關係進展至敵對關係。與親人別離、離婚、訴訟等事件多。金錢、權利方面的問題雖然外表看起來華麗，實際上內在卻很苦。由於很醒目，所以受到的指責、中傷也多。

◉**健康運：**注意心臟病、眼病、腦疾病、體內腫瘤、傳染病、熱性病等，病狀分歧多變，即使一時康復也會再惡化，苦於應付。

◉**其他：**物價、股價急漲。尋人不斷搬遷，會再出現。失物難尋。比賽得勝。親事難達成協議。再婚吉。天氣晴。夏季有雷雨。

〈爻位〉

初九：一日之初的微暗早晨，是萬物開始活動時，容易發生各種事故，要特別注意。

六二：日昇中天，萬物顯現真實之姿。具備文明之德的此爻，不會有失誤。

九三：日落西山，人生已邁入老年，昔日元氣盡失，此時不享天命之樂更待何時。

九四：翌日早晨會發生各種事故，前任首長亡故，問題相繼發生，野心家或無法者亂入行非正道，可能發生慘劇。

六五：成就柔中之德的最高首長地位時，會出現搶此地位者，苦難雖多，但適切處置可得安定。

上九：行使明知與剛强的實力，協助六五首長征伐不服從之人，除去首魁，對手下則寬大處置。

火雷噬嗑

運用智慧與勇氣除去障礙。妥協為凶。

噬嗑，亨。
利用獄。

象意・**刑罰**

上九	━━━━━	×大凶
六五	━━　━━	○吉
九四	━━━━━	○吉
六三	━━　━━	●凶
六二	━━　━━	△小吉
初九	━━━━━	▲小凶

此卦是山雷頤（䷚）中含有1陽，上顎與下顎咬合受妨礙之象。一開始可以與他人同心協力排除此障礙。排除障礙需要上卦離之聰明，以及下卦震之果斷勇氣，藉此正確處理事情無過失。像執行刑罰這種重大行為，也要乾脆明斷。

〈**占考**〉

◉**事業運：**事業大、評價高，會出現許多協助者，但同時也會出現妨礙者。爲了排除障礙，一定要以明智與果斷的決心與勇氣，不惜訴諸法律、運用刑罰。是有必要進行大手術的運勢。

◉**人際關係：**家庭或友人關係一切處於三角關係狀態，對於中傷引起三角關係的人，要以斷然的態度對付處置，不可輕易妥協。與不和之人交涉反而遭受誤解，捲進爭執等複雜人際關係中，或與親人發生不合、產生對立，爲解決紛爭而苦。

◉**健康運：**注意暴飲暴食引起的胃腸障礙、口腔疾病、癌、惡性腫瘤等。此時必須斷然接受開刀治療，必定可痊癒。

◉**其他：**勝負是4爻、5爻勝，其他負。天候晴時多雲、夏有雷雨。物價、股價一時急漲。貿易、仲介等4爻、5爻大利。離家之人在警察協助下尋獲。失物領回。

〈爻位〉

初九：位低，初爲犯罪之人，對於這種人施予輕刑罰，可達殺一儆百之效。

六二：再犯罪的人罪更重，裁定之人俱備柔中之德與才能，讓犯罪者供出真相，並接受法律制裁。雖有障礙卻可克服。

六三：不中不正，制裁者也失去中正立場，使犯罪之人反抗不服，凡事呈現無能之貌。在排除障礙上失敗。

九四：罪大惡極之人，裁判者得陰位陽爻之調和，兼具人情味與明智、果斷，經過再三的調查後，犯罪內幕終於明朗。

六五：高位者不得不親自裁判的重大事件，犯人對六五之人的人格心服口服，完美解決事件。

上九：累積罪惡之人毫無悔意，最後只好施予極刑。

火風鼎

三人成組吉。信賴關係維繫一切。

鼎，元吉。亨。

象意·**改新**

上九	▬▬▬	◎大吉
六五	▬ ▬	◎大吉
九四	▬▬▬	●凶
九三	▬▬▬	▲小凶
九二	▬▬▬	○吉
初六	▬ ▬	△小吉

鼎即天子代天養天下萬民，實行政治任務的道具，爲天子所持第一寶物，亦爲天子承襲天命成爲天子的象徵。因革命除舊佈新，新文物制度組織出現。

具文明之德的六五天子，得以應爻九二剛中賢人爲首的賢臣輔佐，協力一致在新制度下行善政，得吉。

〈**占考**〉

◉**事業運：**新規之事以三人爲中心開始良好，信賴關係是一切的基礎。凡事以新事物爲準，再加入新改良工夫，切勿獨斷，尊重多數意見，推行新方針，才能得到好結果。可期待在新工作、新內容、新製品、新交易等新時代中安定發展。

◉**人際關係：**因爲是三人協力，所以需要小心三角關係的對立。交友關係一般而言花費多，缺乏永久性，有必要改善。因新人際關係而得到好伴侶、親友，使生活環境爲之一變。任何事情接待最有效。

◉**健康運：**疾病多爲二、三種疑難雜症，必須靠新治療法或新藥物治癒。傳染性疾病、肺病、精神病、飲食造成的現代病、感冒等，小心病情惡化。

◉**其他：**交涉事項互相協調談合爲吉。設酒席吉。勝負以2爻、5爻、上爻爲勝。物價、股價變動高漲。失物不復返。是求新物之占。

〈爻位〉

初六：鼎之始，還殘有舊制度痕跡，這是實行新制度的障礙，只有趁此時機清掃舊習殘渣才是吉象。

九二：具有剛中之德，輔佐六五首長，擔當使新制度組織完成的重責大任，不戀棧舊制。

九三：過剛不中，堅信自己的想法最正確，任意打壓他人意見，過於激進造成反效果。

九四：與不中不正同志的初六應爻，因重用初六之小人，遭致失敗之運。

六五：與剛中才能的九二相應，仔細聽取其意見行事，可以得到好結果。

上九：上九爲陽剛居鼎卦之極，陰位陽爻、剛柔並濟，輔佐六五得到大好結果。

火水未濟

地位不適，無法完成。決意不退讓。

未濟亨。小狐泡濟，
濡其尾，
無攸利。

象意·未完成

上九	⚊	△小吉
六五	⚋	○吉
九四	⚊	○吉
六三	⚋	▲小凶
九二	⚊	△小吉
初六	⚋	●凶

大至宇宙、小至微粒子的整個世界，人類社會不用說，還有與個人學問研究、道德、才能有關的一切事物，一項完成接著一項出現，似乎永遠無法完成之象。此卦爲上卦離與下卦坎上下引開，6爻各失其位，但卻各爻相應。只要同心協力即可擺脫未濟狀態，轉換爲既濟（水火既濟）狀態。

〈**占考**〉

◉**事業運：**一切非適材適所，得不到適應職位，對於自己的立場，缺乏堅持至最後的負責精神。不在其位的人同心協力，當然沒辦法期待什麼大成果，對事情做做停停，始終沒有個了結。

但隨著4爻、5爻、上爻的轉移，在反覆試行錯誤當中，會找到光明之路，所以一定要有堅持到底不退讓的決心。

◉**人際關係：**一開始互不了解的人，因爲在工作上同心協力，交往由淺轉深，最後成爲摯友，彼此唇齒相依。任何事都是一開始不順利，後逐漸好轉。

◉**健康運：**心臟病、眼疾、腎臟病、性病、精氣不足、神經衰弱等難治之病多，有成爲慢性病的傾向。即使暫時康復也恐怕留下其他後遺症，所以一定要有耐心地追蹤治療。

◉**其他：**談判、交涉、相親等都要一而再、再而三地進行才會成功。比賽不要灰心，勝利在4爻、5爻、上爻。失物久一點能找到。天氣雨後晴。物價、股價變動激烈，開低走高。離家之人在彼處窮困度日，即使歸來也恐有生命危險。

〈爻位〉

初六：位低、不中不正、柔弱之身，與九四應爻、與九二比爻，缺乏深思熟慮的行動導致失敗。

九二：得剛中，現在處於未濟的不利狀態，但謹言慎行可得吉幸。

六三：不中不正、缺乏才能，單獨行動會失敗，但由於和九二、九四比爻，和上九應爻，只要得這些陽爻之助，即可通往成功之路。

九四：未濟的狀態過半，氣運上升，得六五的信任，積極行動可成功。

六五：具柔中之德，與九二的賢人相應，與九四的實力者相比得其協助，克服未濟狀態，實現安態既濟狀況。

上九：萬事呈既濟狀態完成，已經沒有什麼特別的事了，悠閒飲酒自娛最好，但要有節制。

火山旅

孤獨漂泊放浪的運氣。應該開拓新路。

旅少亨，旅貞吉。

象意・**旅行**

上九	▅▅▅▅▅▅	×大凶
六五	▅▅　▅▅	○吉
九四	▅▅▅▅▅▅	△小吉
九三	▅▅▅▅▅▅	●凶
六二	▅▅　▅▅	○吉
初六	▅▅　▅▅	●凶

離開家鄉至外地流浪，無親無故地一站過一站。在這種孤獨不安的漂泊生活中，即使有什麼希望也難成就大事業。藉著上卦離的文明之德帶來明智，以及下卦艮當止處止的慎重，詳細明瞭時代情勢，如果有地方能接納你，那你就有憑恃了。

〈占考〉

◉**事業運**：借錢苦或火災等不得已的事情，使自已的住處或工作場所變更，對於將來的方針未定，輾轉於不安及孤獨中，友人少、憂愁不斷，以哀愁的心情展開漂泊流浪的運氣。事業解散、家人離散、沒有可以依靠的人，新規之事或積極之事一切均爲凶占。除了在學問、宗教等出世精神分野上找到新人生以外，萬事無法通達。事業、家產都落到他人手中，除了引退、搬家之外，你一點辦法也沒有。

◉**人際關係**：期待人情溫暖，卻始終得不到，只有在愁苦中尋求精神支柱。一人出外旅行必爲住居、職業不安所苦，金錢方面也不安定。容易因精神過度疲勞而發生意外。

◉**健康運**：憂鬱症、精神分裂、傳染病、脾胃障礙、心臟病、眼疾、產後貧血、中風等即使一時康復，也會再度惡化。應住院治療。

◉**其他**：因移居、換工作等變化而導致婚期延遲的女性，2爻、5爻吉，其他凶意多。比賽2爻、5爻勝，其他負。物價、股價從高檔滑落。失物、離家之人不會再回來。天候晴，但不長久。

〈爻位〉

初六：陰柔不才，爲人小器、受人輕視，親人緣薄、進退不得、過失多。

六二：得柔順中位，旅遊時可得盛情款待，也可找到可以安定下來的職業。

九三：旅遊他鄉，得到可以居住之處，但由於過剛不中，使得禮節不夠，態度傲慢，最後不但不被他人同情，還失去安身之處。

九四：陰位陽爻爲剛柔。自己了解自己的際限，雖然人格被認同而得到厚待，但因爲没有適當職業，所以心裡覺得不滿足。

六五：柔順居中，具文明之德。在旅行地開始就職、做生意，一開始失敗，但最後因真心而得到安定職業。

上九：不中不正、過剛不中。恐怕在旅遊地涉足歡樂場所，愈陷愈深，使得朋友遠離、部屬背去，不但失財，而且讓自己走上窮途末路。

火地晉

在新進銳氣的上司前開花。應積極行動。

晉，康侯，用錫馬蕃庶，晝日三接。

象意・**進昇**

上九	▅▅▅▅▅	△小吉
六五	▅▅　▅▅	○吉
九四	▅▅▅▅▅	●凶
六三	▅▅　▅▅	○吉
六二	▅▅　▅▅	△小吉
初六	▅▅　▅▅	▲小凶

隨著太陽出現、冉冉上升，地上萬物被照得通明，前途充滿希望。肯定、積極發揮自己的能力，對任何事均抱定志向的人，就像太陽一樣，能對長上提出自己的智慧性構想，並在財力方面予以協助。六五首長喜悅地與你相應，世界充滿希望。

〈占考〉

◉**事業運：**上班族能在新進充滿銳氣的上司手下，充分發揮自己的才能。嶄新的氣氛讓計畫更完美、內容更充實。這是迎接新企畫的絕佳時機，但即使有方針，人力與財力尚未充足，所以不可激進。就像太陽冉冉上升一樣，應先積極充實實質內容。5爻吉。

◉**人際關係：**得長上提拔，自己的意見、企畫受重視。人際關係良好，與友人同心協力，積極向共同目標邁進，能得到好結果。

組織隊伍進行計畫吉。整理多數資料、設計企畫、方針可成功。同門、同窗同學親睦研修會帶來好結果。

◉**健康運：**小心心臟疾病、傳染病、胃病等。早發現早治療，但一般小病有激烈亢進導致惡化的傾向。注意心臟麻痺。

◉**其他：**在學問、藝術、政治等發明或名譽、權利方面吉。選舉、比賽5爻、上爻吉。物價、股價從低檔翻升。失物轉手。離家之人能找到。天氣雲後晴。結婚吉。

〈爻位〉

初六：在新世界中使自己的才能充分發揮，信任相應的九四，向其求助，卻反而帶來麻煩。

六二：柔中之德，但卻無應爻與比爻。被九四妨礙，但得六五首長的認同。

六三：在廣大世界中，不怕被少數人妨礙，與志同道合之士一起被拔擢，志向完成。

九四：不中不正的邪惡精神，只圖權利獨占，妨礙有能之才出世，但已經無法一手遮天了。失敗。

六五：柔順中位，位上卦離之文明之德最高位首長，但實權卻被九四侵占。拔擢新進氣銳人材可充分發揮能力，得吉福。

上九：過剛不中，不適合文明平和之工作，但除去不正分子的工作，多少有點危險性，最後能成功。

雷天大壯

過度自信而亂衝。謹慎對上階層的批判。

大壯利貞。

象意・**急進**

上六	●凶
六五	△小吉
九四	◎大吉
九三	●凶
九二	○吉
初九	●凶

此卦是表示過於自信，任由自己的主張無限實施，過於壓抑與自己不同的聲音，最後造成他人反感，自己也受挫。

這是賢人君子失敗的運勢，下卦乾的剛强之德與上卦震的氣勢之德合併，沒有一點私心，擁有光明正大之德，及自信過剩之抑制的話，即萬事有成。

〈**占考**〉

◉**事業運：**占得此卦時，氣勢很旺，旺得連自己都控制不住，過於相信自己的才能、財力、權力，衝過頭了反而將自己衝入進退不得的困境。可能會遇到與長上衝突、事業擴大、與女性交往等事，對事情過於樂觀時，遭遇挫折只會不知所措。此卦在陰位陽爻平衡的2爻與4爻是吉占，5爻尚未，其他爲凶占。

◉**人際關係：**屬於新進革新派主流，對於守舊人士、上級露骨地批評，以致被貶至冷宮，上班族應注意。企業經營的場合，因性急、過度自信，必會在過程上摔跤，退一步維持現狀，反而能期待大發展。

◉**健康運：**整體而言身體健康，體力、氣力充沛，應適度運動維持現狀。疾病方面小心伴有頭痛的傳染病、急性肝炎等。病情激烈、藥效不彰，本人也可能因不注意健康而使病情惡化。

◉**其他：**比賽2爻、4爻勝。物價、股價高漲。失物、離家之人不再回。天氣晴，夏有雷雨。

〈爻位〉

初九：即使過剛不中、孤立無援，仍氣勢凶猛地往前衝，最後導致凶禍。即使志向正確也是失敗。

九二：陰位陽爻得中位，行爲中道得吉幸。

九三：過剛不中、自信過剩、放任而爲，終於陷入進退兩難的苦境，應自制。

九四：陰位陽爻、剛柔平衡，堅守大壯「止」的正道得吉。

六五：陽位陰爻得中位，一開始妨礙陽爻勢力延伸，但自己察覺後改變態度得吉。

上六：陰位陰爻。在高位的小人反抗陽剛之勢旺盛，固執舊體制的態度若不悔改，則陷於進退兩難之苦境。

雷澤歸妹

因不正當、私慾之事而喪失信用。立刻忘了災禍。

歸妹往凶，無攸利。

象意・結婚

結婚是男女之間天經地義之事，但若由女性向男性求婚，則是非禮，脱軌於常道之外，必招不幸結果，不可不慎。

從2爻至5爻這些重要各爻均未得陰陽正位，六三、六五的陰爻在陽爻之上。這是女性淩駕男性、順序完全顛倒之象，即使鼎盛也不持久。

〈**占考**〉

◉**事業運：**不正當之事與私慾暴露，喪失社會信用的凶兆。此卦也代表季節以外的雷電，在你忘了它的時候突然發生，讓你措手不及、應對錯誤，以致於造成破滅結果。這時候最重要的是不拖延，及時處理。不論任何事S情，無視規則、逞私慾，只會使順序大亂，即使成功也不長久，後必遭禍。

◉**人際關係：**沈溺於不正當事情中，喪失社會信用，有家族崩壞的危險。有婦之夫與年輕女性發生不道德行爲，棄正常人際關係於不顧。像這類突發事件多，凡事没有永續性。

◉**健康運：**因失戀引起的歇斯底里、神經衰弱，以及呼吸器官、性病、藥物中毒、癌症等，多處於末期狀況。重病者可能因處置不當而使病情惡化，像秋雷一樣，不久就會結束生命。

◉**其他：**物價、股價一時上漲而後暴跌。比賽5爻勝，其他負。天候晴後有雨。離家之人可能因色情而惹禍上身。失物不復返。5爻之外爲凶占。

〈爻位〉

初九：位正且有才能的女性，但没有應爻，無法成爲正室，只能當妾。

九二：與六五相應，雖然柔順中正，卻缺乏能力，難發揮內助之功，不會離婚，只能靜靜守住妻子的地位。

六三：不中不正、柔弱。在下卦兑的上爻，向人求愛没應爻，相結婚只有等待一途。如果甘心做妾，也許會得良緣。

九四：身分、教養均佳的女性，但卻尋覓不到適當對象。九四以陽剛居陰位，且無應爻，故可解釋爲因脾氣倔强而失去機會。

六五：社會地位高，具柔中之德，重教養，不以外表華麗取勝，不得不下嫁九二賢臣，吉。

上六：陰柔居極無教養的女性，婚期遲延，找不到適合對象，缺乏結婚誠意而呈破局。

雷火豐

盛大之運衰退。察知運氣是課題。

豐亨。王假之，勿憂、宜日中。

象意、**大豐**

上六	— —	×大凶
六五	— —	○吉
九四	——	△小吉
九三	——	●凶
六二	— —	▲小凶
初九	——	○吉

豐是大豐之意，兼備下卦離的明智之德，以及上卦震的活動之德，其勢力之豐大如盛夏大白天般，一切事物欣欣向榮。但現在這種豐大運勢維持不長，不久後便會急速衰退。這是日正當中後不久即西沈，正如滿月之後必爲缺月般，賢明之人體會出這種天理運行之道後，必定能見好即收。

〈占考〉

◉事業運：現在運氣盛大，但內部立即出現凶兆，不久後便會崩壞。察知這種氣運後，就應該有因應之策，趁著現在運勢一鼓作氣，將未解決的重要投資、方案、造屋、結婚等必須完成的事，一氣呵成地解決。

現在之事完成吉，但不可著手新工作。

◉人際關係：盛運時代、豪華交際的時代已經到達終點，結果是戀人懷孕、事業面臨經營危機，責任問題一一浮上檯面。這時必須有所覺悟，黑暗現實無法避免，處理現在關係最重要。結婚對象雖具備容姿、財產，但卻生活奢華、不事生產，只得以破鏡收場，結果造成家庭一舉崩落。

◉健康運：小心伴有高燒的流行性惡疾、心臟病、眼疾、內臟諸疾患等。病狀容易有激烈變化，因體力消耗殆盡，以至於長期臥病至危。輕症應及早處置。

◉其他：物價、股價現在呈高飽和狀態，恐怕急跌。勝負初爻、5爻勝。離家之人有危險，應趕快尋找。失物有耐人搜尋就會找到。天氣晴，夏季晴後雷雨。

〈爻位〉

初九：位正富智力，與九四不相應，所以得不到協助，偶然間產生協力關係則萬事成功。

六二：柔順中位、明德之卦，但不被六五愚上司所認同，所以有勞苦，努力必定誠意感人，得到協助。

九三：過剛不中，與無能小人應爻，所以自己的能力不能充分發揮，結果自己最顯耀的才能、財力、環境均不可活用。

九四：具實行力，但缺文明之德。若得下卦離的明智之德初九賢人協助最好，否則就只能輔佐六五愚人，毫無成就。

六五：當初因具備文明之德與決斷力，得到大豐收。但因醉心於成功中養成傲慢、暗愚的態度，使前途昏暗。回歸本來的自己吉。

上六：昏明小人當初誇示豐大運勢，但如今權力喪失、没落。

震為雷

速戰速決能成功，不知改變則失敗。

震亨，震來虩虩，
笑言啞啞，
震驚百里，
不喪匕鬯。

象意·震駭

上六	▅▅　▅▅	×大凶
六五	▅▅　▅▅	△小吉
九四	▅▅▅▅▅	▲小凶
六三	▅▅　▅▅	●凶
六二	▅▅　▅▅	△小吉
初九	▅▅▅▅▅	○吉

陰氣之下被壓抑的一個陽氣，像在抒發鬱憤般地發動春雷轟隆聲。此時天地陰陽之氣變動，應戒慎恐懼、自己深思反省。當雷遠去之後，便可什麼事也沒有地談笑和樂。另外，在如春雷般突發事件中，能夠每次泰然自若者，可擔負最高首長之責。

〈占考〉

◉**事業運：**在突發事件相繼發生的異常狀況下，自己有必要對事態下判斷與決策，雖然有危險，但仍應講究速效性，猶豫徬徨只會使事態更嚴重，速戰速決才是成功之道。但如果你不思因應對策，繼續相同行徑，便會重蹈失敗之路。

◉**人際關係：**交涉、買賣一氣呵成，使你嚐到成功的滋味，但你對成果不滿足，再重複一次，結果導致失敗。不論有多少舊問題都應快速解決，擱置問題只會使問題更嚴重。平穩的人際關係中會因突發事件而產生爭執，但最初處置最重要，必須用心。

◉**健康運：**歇斯底里、失眠、精神病有激烈的危險，但腳扭傷、筋骨疼痛、交通事故造成的傷害，或自律神經失調等，盡快、有耐心地治療會痊癒。突發疾病雖會帶來恐慌，但沒有危險，可放心。

◉**其他：**勝負速戰速決，制得先機則勝。物價、股價變動激烈，上漲快下跌也快。天候多地震、驚雷。親事不良。失物落在街道上，時刻一過就找不到了。離家之人雖怒氣出走，不久就會回電。

〈爻位〉

初九：天下激動期，戒慎恐懼，小心應對。好好利用此時機可得成功。

六二：柔順中正之德，在激動期不違背時勢，捨棄一切保留一身後，即可平安歸來。

六三：不中不正、陰柔不才，無法在激烈時期對處，除了發呆之外一點辦法也沒有。應不違背時勢、同步避難。

九四：在天下激動期掌握機會，應該可以成大業，但卻陷於上下陰爻之間動彈不得，萬事終不成功。

六五：天下大動亂迭起，你正處於動亂通道的危險位置，但以柔中之德應對即無事。

上六：陰柔不才。面臨天下大動亂只是恐懼，以不沈著的態度應對錯誤，最後導致失敗。

雷風恒

轉業、轉職危險。為了繼續必須下工夫。

恒，亨。無咎，利貞，利有攸往。

象意·持續

上六	⚋	●凶
六五	⚋	△小吉
九四	⚊	●凶
九三	⚊	●凶
九二	⚊	△小吉
初六	⚋	●凶

恒是堅守自己之道不改變，事物必通、榮象必展。若是長久堅持之道無成果，那就是你堅守之道不正確，即使放棄也不可惜。只要觀察四季推移變化或每個人堅守之道，即可知天地萬物及其人之真實狀態。

〈占考〉

◉**事業運：**就算你已經厭倦了現在的工作，想開始目前流行新工作，但現在轉業很危險。應該先維持現狀一段時間再開始新事業之考慮。一般而言，這是忍耐持續現在工作的運勢。

◉**人際關係：**爲了維持舊有人際關係，必須下些工夫，讓氣氛有些變化。『親亦有禮』，不要因爲太熟了就不顧禮節，這樣會產生隔閡。

◉**健康運：**因胃腸病及飲酒不適量產生的各種成人病及慢性病多，只能從改善生活環境、飲食習慣著手，除了長期治療外別無他法。注意飲食方面尤其要有耐性。因精神疲勞引起的衰弱病，轉地療法有效。

◉**其他：**物價、股價小波動。勝負5爻爲勝，輸在沒耐性。離家之人可能已經結婚、謀職，不會再回來了。失物不再出現。天候有雲，持續現況。親事以相親結婚吉，但交往要長久。

〈爻位〉

初六：不中不正、陰柔思慮淺，結婚一開始就對丈夫要求最大限度，希望不經時間培養感情，一舉達成夫妻美滿生活，招來凶禍。

九二：剛中之德，與柔中的六五丈夫相應。即使物質生活不佳，只要堅守夫婦中道得吉。

九三：不安定，因私慾不甘心長久跟隨丈夫一人，缺乏貞操觀念，容易被誘惑。

九四：與初六不中不正同志結成姻緣，但那不是真實永恒之道，卻也不能改變。

六五：夫與剛中的九二妻相應，柔順地追隨妻的意志，守夫婦之道。如果是女性良好，但男性應該有主體性的自我判斷後再行動。

上六：守住長久的永恒之道破裂，因展示無用的暴力、權利，或做無意義的改變，使得以往累積之事物全遭破壞，爲凶禍。

雷水解

從苦難中得到解放。休息的時刻。

解，利西南。其來後吉。有攸往，夙吉。

象意・解消

上六	▬ ▬	△小吉
六五	▬ ▬	△小吉
九四	▬▬▬	△小吉
六三	▬ ▬	●凶
九二	▬▬▬	○吉
初六	▬ ▬	△小吉

迎接春天的喜悅，從現在困難狀態中解放，凡事盡可能放鬆，訂定寬大的方針，休息是第一要件。如果還有現在必須解決而尚未解決的問題，必須在休息之前加速腳步解決，不要擱置。安靜爲吉。

〈占考〉

◉**事業運：**此卦代表春雷乍現，從漫長的嚴冬苦難中解放，草木開始長出嫩芽，為光明發展之意，同時也有怠惰懶散、縱情酒色的意思。除此之外，解散、解雇、解除的意思也很濃厚。一方面是從苦難中解脱，另一方面是因懈怠而使契約、事業等解散。一吉一凶，必須特別注意吉後轉凶。

◉**人際關係：**從束縛中解除，與家人產生親密感，但因為放鬆、不注意應有禮節，會產生各種障礙、事件，所以要小心控制自己的情緒。也有從舊關係中解消，進入新世界開朗氣氛的機會。

◉**健康運：**身心都清爽的狀態居多，一般而言有從久病中解放、痊癒之意，以及潛伏在體內已久的病惡化顯現於外，必須緊急動手術之意。早發現早治療。

◉**其他：**物價、股價先跌後漲。勝負2爻、4爻、上爻勝。離家之人趕快找，便能找到。失物已經被解體，不復返。天候春、夏雷雨後放晴，秋、冬晴。親事很快談好也很快破滅。

〈爻位〉

初六：不中不正柔弱的小人，但接受九二比爻與九四應爻的指導，能夠無大過地處世。

九二：具剛强中正之德，得六五首長的信任，爲了打開苦境，除去不中不正的無能小人，必須運用智慧、不溫不火，最後終能除去初六、六三、上六的惡人及3陰爻。

六三：不中不正的小人位居要職，其不相稱的地位終受傷害，但這是自業自得。

九四：與六五首長爲比爻，深得首長信任，但與初六、六三小人有應比關係，注意受花言巧語誘惑。

六五：得九二、九四賢人協助，除去小人恢復正常狀態，做法正大光明爲中庸之道。

上六：小人難治，但終於被九四的高位賢人排除，至此，一切該解決的問題都解決了。

雷山小過

小過可大過不可。要靠修補行動。

小過亨，利貞。可小事，不可大事，飛鳥遺之音，不宜上，宜下，大吉。

象意·**過失**

上六	×大凶
六五	△小吉
九四	△小吉
九三	▲小凶
六二	△小吉
初六	●凶

小過是小事，「小者」係指陰爻，「大者」係指陽爻。亦即做小事情吉利，做大事情就不可以了。此卦可以飛鳥比喻，鳥若飛到地上可以得到安息的場所，但如果振翅在空中飛翔，就根本沒有安定場所，只能不停地飛，徒留聲音罷了。

〈占考〉

◉**事業運：**中央2陽爻被4個陰爻圍繞，才能無法充分發揮，所以做大事不成功，只有以保守的態度維持現狀，積少成多才能稍有成就。

凡事過失多、做太多會導致失敗。處於孤立無援境地遭受破害。凡事容易有名無實、損失多、花費大。

◉**人際關係：**在小人群中無法充分發揮才能，從孤立象來看，做太多會讓他人對你懷有敵意，必須謹慎。志不同道不合的朋友没有和解餘地，只能靜觀其變。朋友難求，只有從身邊人開始交往。

◉**健康運：**胃癌、食道癌、腸癌、惡性腫瘤等雖然難治，但不要灰心，只要耐心治療，就一定會逐漸康復。注意因精神過度疲勞產生的神經衰弱、胃腸病、受傷、血液疾病等多爲重病。

◉**其他：**物價、股價急跌。比賽輸。離家之人窮困。失物不復返。親事凶。家庭運爲夫妻別離象。天候雨，夏季爲雷雨。

〈爻位〉

初六：不中不正、缺乏才能，但與九四應爻，所以可靠他做大事，期待成功。失去現在地位，遭凶禍。

六二：具備柔中之德，小事也必須謹慎、守秩序，可得平安。

九三：具備剛强的才能，被陰爻小人包圍動彈不得，須防小人之害與誘惑，積極出戰凶。

九四：也被六二、六五陰爻包圍而不得志，但因爲在陰位，所以不會那麽痛苦。此時應以輕描淡寫的手法處理，不要太拘謹。

六五：以陰柔之身居尊高之位，所以心情總是不安。被小人包圍，即使想拔擢賢才也不得。

上六：陰柔於卦極，表示爬太高之象。現在是小人當道的世界，身分不相應卻勉强高攀，最後只有成落網之鳥而已。

雷地豫

準備齊全。開始快速進行。

豫，利建侯行師。

象意・悅豫

上六	▅▅ ▅▅	×大凶
六五	▅▅ ▅▅	▲小凶
九四	▅▅▅▅▅	○吉
六三	▅▅ ▅▅	●凶
六二	▅▅ ▅▅	○吉
初六	▅▅ ▅▅	●凶

一國之君分封諸侯，要動用軍隊與他國交戰這種大事，一定要順應豫卦之道——即天道、地道、人道。此「以順爲動」所代表的意義廣大無邊，天地、日月星辰運行、春夏秋冬推移等一切，都要遵照這個理法。就算刑罰，只要以順爲動，就能服天

下。

〈占考〉

◉**事業運：**積極實現希望、計畫的運氣。地位晉升、他人擁戴都已經萬事具備，只要開始行動就會有多人追隨，成功指日可待。

但爲了防止曇花一現式的成功，必須在維持成功方面下工夫。即使成功仍然應該努力求精進，成果才會更擴大。

◉**人際關係：**運勢强，多人向你表示善意，沈醉在和悦的夢中。也有小人靠近迷惑你，這時擇友就很重要了，沈溺遊樂招凶禍。

◉**健康運：**身體健康充滿活力，但疾病的場合，可能是潛伏體內多時的症狀出現，已經根深蒂固，必得優良處方才能早日恢復。小心胃腸系統、食物中毒、感冒、神經症、精氣虛脱、跌倒等。

◉**其他：**物價、股價比預料高漲，但爲期短暫。勝負2爻、4爻勝。離家之人出外遊玩，不久就會回來。失物趕快尋找就找到了。天候晴，夏雷雨。

〈爻位〉

初六：不中不正的柔弱小人，只顧自己本身的愉悅，但看見應爻九四的愉悅，能產生共鳴。

六二：無應爻、比爻，守住柔順中正之德，不沈溺於玩樂，愉悅後必定回到自己本位上，常得吉。

六三：不中不正的小人，和以享受爲主的九四陽爻不謀而合，但若沈溺玩樂，終遭失敗。

九四：得六五首長信任，被上下5陰爻包圍，志向可成。即使實現夢想、處於悅樂狀態，也不可驕傲。謙虛是維持吉運之良策。

六五：即使位於首長寶座，但實權還是在九四。只沈溺於玩樂，不擔心喪失權力，逸樂導致生病。

上六：上爻是指卦之極。以不才之身享受至高的快樂，也可說沈溺在玩樂中而忘了分寸，最後只有惹禍上身。現在立即反省悔改才好。

風天小畜

與人和睦等待時機到來。女性權力凶。

小畜亨，
密雲不雨，
自我西郊。

象意・**寡力**

上九	▅▅▅▅▅	△小吉
九五	▅▅▅▅▅	○吉
六四	▅▅　▅▅	△小吉
九三	▅▅▅▅▅	●凶
九二	▅▅▅▅▅	▲小凶
初九	▅▅▅▅▅	▲小凶

風在天上行之象，雲層過高而無法降雨。此卦是上下5陽爻包圍六四陰爻，尤其是下卦的乾抑止積極活動，這稱爲小畜。這種抑止是陰爻所造成，所以只要藉九二與九五的剛健中正之德，便能完成志願。現在天空有一片雲起於西方，但此雲陰陽不調和，會被上卦巽象之風吹散，然而終究會成爲雨滴降臨地面。

〈占考〉

◉**事業運：**資金、才能都不夠，想實現計畫必須靜待時機，太過急躁只會導致失敗。4爻、5爻、上爻是著手實行時機，會帶來好結果。家庭不和或三角關係是專心邁向目標的障礙，所以人和是先決條件。女性權力强會對事物造成阻礙，妨礙計畫進行。

◉**人際關係：**女性抬頭、夫妻反目，友人關係與三角關係都呈現誤解狀態，只感到憂心抑鬱。此時談結婚、交易都不利，應該以退爲進，不要勉强往前衝。想衝也衝不了，這是力量不足的運勢，因此不要急，凡事等待後即可暢通。

◉**健康運：**憂鬱症。因煩悶產生的神經衰弱、肺系統障礙、食道癌、胃癌等。治癒期間長，不會突然惡化，沒有很明顯的症狀。血行不順、高血壓等長期病需要改善體質。

◉**其他：**物價、股價緩步趨堅。勝負5爻、上爻勝。離家之人被女性誘惑。失物被他人 保管在某處。天候烏雲但没雨，烏雲過後才降雨。

〈爻位〉

初九：與位正的六四相應，但六四牽引住3陽爻的積極進取，因爲時機尚未成熟，所以維持現狀生活吉。

九二：具剛强中正之德，冷靜地知道時機未至，與同伴以退爲進可平安。

九三：以陽剛之勢積極行動，但受到六四抑止而大怒，呈現夫妻反目、家庭失和狀態。凶運。

六四：六四爲小畜的成卦之主，即使希望如下卦的乾般充實，但受抑制與危害，不過得九五的「上」同心協力庇護，因此無咎。

九五：與比爻的六四同心協力，能得大成功。與富不私藏，廣泛與人分享。

上九：達成了抑制六四的目的，已經没有角色可演，此時强出頭只會帶來危險，不如退隱。

風澤中孚

誠實的心必能萬事通達。不隱瞞、不說謊。

中孚豚魚吉，
利涉大川，
利貞。

象意・**誠心**

上九	▬▬▬	●凶
九五	▬▬▬	○吉
六四	▬ ▬	○吉
六三	▬ ▬	●凶
九二	▬▬▬	○吉
初九	▬▬▬	○吉

中央3、4爻為陰爻，是沒有一點私心的空虛象，具有九二、九五的剛強中正之充實真心。中孚即「心中有信」，亦可解釋為「中虛而無邪心」，因此上下和合一致，互相真心信賴。誠實的真心必可感動對方，順應天理成就大事業。中庸有云：「誠為天道、誠為人道。」

〈占考〉

◉**事業運：**這是母鳥以爪抱卵之象。真心能通往卵内，使孵出小生命。人也一樣，只要心中有誠實之心，則必定可通達於對方之心。

誠心相待得吉幸；藏私慾、隱瞞、說謊則爲凶占，因爲惡事終會被揭發，結果接受制裁、喪失社會信用。

◉**人際關係：**此卦爲唇齒相依的親密關係，以誠實之心相待，自我抑制、互相禮讓，成立圓滿的人際關係。談判、交涉、交易、相親等事特別好。親子、夫婦、友人等跨越利害、互相奉獻。

◉**健康運：**精神、心臟、眼、内臟各機能均爲健全象意。然而一旦生病，則會伴隨高燒，病症内攻便感到激烈痛苦，多陷於惡化、危險狀態。注意爻位。

◉**其他：**物價、股價虛漲，有下跌的危險性。比賽勝。失物找回。離家之人與人私奔。天候晴、有風。

〈爻位〉

初九：位正具陽剛之志，與六四相應，當你相信一個人之後，就應該深信不疑，堅持至最後。

九二：具備剛强中正之德，一顆誠實的心使九五首長受感動，能發揮才能。

六三：不中不正，以下卦的兑卦爲主爻，只是口頭上與人交往，結果遭中傷、責難，喜怒哀樂激烈，誰都不願與你相處。

六四：柔順在正位，捨一切私心，即使對同類、親人也不特別，輔佐九五尊位首長得吉。

九五：剛健中正的誠心自然令人感動，天子以誠治國，得百姓景仰；平凡人以誠待人，人緣極好，只要固守誠信則吉幸多。

上九：中孚至極的虛狀，只聽雞鳴不見雞飛，也就是空有其表、敗絮其中，往往因得意而忘了形。此卦是警戒人在好運時勿自傲。

風火家人

家族方面的問題。各在其位、守本分解決。

家人，利女貞。

象意・家庭

上九	▬▬▬	○吉
九五	▬▬▬	○吉
六四	▬ ▬	○吉
九三	▬▬▬	▲小凶
六二	▬ ▬	○吉
初九	▬▬▬	△小吉

下卦離象之文明，上卦巽象之巽順，是女性的美德，以此美德完成家庭之道。女性固守正道是治家之道，此卦即爲如此，六二柔中之妻與九五剛中之夫相應，男女各在其位、各守其道。父爲父、子爲子、兄爲兄、弟爲弟、夫爲夫、婦爲婦，各在其位行其道，這是天地最大正義的表現。

〈占考〉

◉**事業運**：這是男主外、女主內所成立之卦，除了上爻以外，一切均在正位，應爻、比爻多，這代表一家人和合協力能得到成果，爲中小家業得小利。如果有傭人之大規模工作，則在資金、人際關係方面會發生種種問題，不利。

◉**人際關係**：在被家族愛情包圍的人際關係中，發生三角關係、色情問題、金錢糾紛等必須靠家法、法律解決的事件不少。談判、親事等交涉事件，如果是舊有之事很好解決，如果是新事件，則因下卦離爲火象、上卦巽爲風象，無法共爲一體，不順利。

◉**健康運**：疾病的場合注意感冒、精力消耗，或因美食造成的糖尿病、其他成人病等，輕微時應盡快治療。但如果不改善飲食習慣，病情會愈來愈惡化，有併發其他疾病的危險。

◉**其他**：物價、股價小幅波動後下跌。勝負缺乏氣力，速戰速決有利，拖長就輸。親事吉，但婚後注意三角關係。天候晴少雲。失物找回，大部分在家中。離家之人多因家庭、金錢、三角關係等原因，被發現後會返家。

〈爻位〉

初九：以治家爲始，剛嫁過來的女性不改嫁人之志，融入規律端正的家風。

六二：柔順中正之妻，一切聽從丈夫指示，不會獨斷大事，治理家務，是位快樂的妻子。

九三：過於剛强，治家過嚴引來家人不平不滿的聲音，但這比過於寬大而失規律造成的結果好。

六四：位正具巽順之德，協助丈夫積極扶持家業、振興家產，得吉。

九五：具剛强中正之德，擔任一家之主，家人心服口服，家和互愛，得吉。

上九：治家之道完成的狀態，治家是以使人感動的真心與威嚴自然感化人，使家人心服口服，這也是上行下效的結果。

風雷益

事業擴大發展。不要受命運擺佈了。

益，利有所往，利涉大川。

象意‧增益

上九	⚊	×大凶
九五	⚊	◎大吉
六四	⚋	○吉
六三	⚋	△小吉
六二	⚋	◎大吉
初九	⚊	◎大吉

靠著活用豐富的公共資源於事業資金上，益之大道得以無限延伸，興大業爲人民造福。關係事業相繼興起，憑藉下卦震的旺盛活力，以及上卦巽的順應人情時勢之德，日日發展精進，利益廣披世人。

〈占考〉

◉**事業運：**在土木事業方面得吉幸，資金調配充裕，在盛運中創設副業，可得預期以上的發展。只不過下卦（震）象雷，以及上卦（巽）象風都没有實體，所以就算表面狀況良好，但可能因借財、人材、資財、設施多，使得内在呈不穩定現象，應急忙想出對策。新興事業比預料中發達。

◉**人際關係：**運勢强、交際廣，周遊於共同事業話題上得良緣。但反過來看，由於交往範圍廣，所以身心俱疲，代表缺乏實質内容的移動變化，容易追逐流行生活、生活華麗、花費多。

◉**健康運：**一般是健康身體象，疾病方面，可能一開始以爲是小病，結果病情急速變化，併發其他疾病，有至生命垂危的重態。小心感冒、傳染病、感冒併發肺炎、脾胃病等。但久病者反而可得康復。

◉**其他：**物價、股價急漲後下跌。比賽勝。親事吉。離家之人被女性誘惑，多半不再回。失物盡快找就找到了，没被拿走。天候晴，夏雷雨。

〈爻位〉

初九：具有剛强之才，從六四應爻接受大恩惠而興大業，成就大發展。

六二：柔順中正之德，深得剛强中正的九五應爻信任，又得其他支援，成就大發展。

六三：不中不正，下卦震的上爻會遭遇許多危險，與應爻的上九有不正關係。但巧妙運用凶多位置，在商場上反而能獲大利。

六四：與九五比爻，與初九正應，行中庸之道，像遷都這種大事也勝任，可處理得很好。

九五：具剛健中正之德，居最高尊位，誠心誠意爲公共利益盡力，得大吉。

上九：不中不正，只專心於私利私慾，所以受人憎恨而不給利益，有時也會受危害。

巽為風

順從謹慎吉。仲介業順利。

巽小亨，利有攸往，利見大人。

象意・**巽順**

上九 ●凶

九五 ○吉

六四 ◎大吉

九三 ●凶

九二 ○吉

初六 ▲小凶

巽卦重疊時，雖然很順利，但也不可忘記謙虛、尊重他人意志及感情，對於時代情勢或環境應深入考慮，努力與他人配合。其效果雖不致於大亨，但至少自己的志向亨通有進展。主爻的初六與六四各追隨九二、九五的陽剛賢人，受其教導而通達。

〈占考〉

◉**事業運：**身邊變化、動搖多、欠安定、不沉著，進退兩難凡事鬆散。在迷惘中行動只有遭致損失，所以在決定大事時，應和長輩商量，如果這樣還迷惘的話，那就靜觀時勢變化，不要輕易下決定。

仲介、斡旋業等業務有利，評價也高。

◉**人際關係：**順應對方、爲對方著想，所以外表看起來人際關係很好。但疑心生暗鬼，往往好端端的一件事卻搞得雙方心理不痛快，也會產生彼此中傷事件，親事往往喪失決斷時機。交涉、買賣不清楚，一追一步遭致損失，重複相同的事毫無進展，最後自然解消，悔恨多。

◉**健康運：**像肺結核般的病狀時好時壞，終至無法復原的地步。小心感冒、中風、痔瘡、傳染性性病、慢性疾病等。

◉**其他：**物價、股價在低檔震蕩。勝負正面挑戰不利。談判、交涉拖長有利。親事拖久了沒結果。離家之人回來後再出走。失物多半不再回。天候雲、强風、有雨。

〈爻位〉

初六：不中不正、陰柔過剩、疑念强，欠缺信念、節操，優柔寡斷，即使受九二教導仍徬徨不會決斷。

九二：陰位陽爻得中道，謙虛爲懷，對部屬初六也親切。就像擔任神與人意志傳達的史巫（史是傳達人的樣子給神的人，巫是傳達神的意志給人的人）般，疏通上下意志、感情吉。

九三：過於剛强不中正，以致於對人不能謙虛，即使開始時努力，最後也表現出傲慢本性，不得志。

六四：位正、守巽順之德，與九五首長比爻，得其信任。狩獵可得多種獵物，盡忠職守。

九五：具剛健中正之德，居於至高尊位，一般爲吉運。但是現在是制度組織應該改革的時代，因應時代、環境、人情決斷吉。

上九：因不中不正，越過巽卦之極的巽順，成爲卑屈之象。由於私慾而使得自己最重要的東西也喪失了，遭凶禍。

風水渙

解散、分裂之律動。統合必好轉。

渙亨。王假有廟。利涉大川，利貞。

象意・渙散

上九	—	△小吉
九五	—	○吉
六四	— —	◎大吉
六三	— —	▲小凶
九二	—	○吉
初六	— —	△小吉

渙是內部分裂爲各黨各派，呈現不統一的零散狀態。剛中的九二與巽順的六四共同輔佐九五的首長，同心協力可使萬事幸運。尤其是九五天子往祖先靈廟參拜，去除私心，以至誠真心使散漫的人心統合爲一，則可除一切弊害，成就大業。

〈**占考**〉

◉**事業運：**得此離散、解散卦時，代表小規模組織解散，或與他人共組的大規模事業分裂。往往因突發事故使得公司被迫解散、契約被迫解除等，今後方針不定、無人可依靠，以前一切都解散了。

心情散亂不統一，萬事不知從何著手。新規事業也因狀況改變或方針變化而無法實施。

◉**人際關係：**擺脫舊有人際關係，鬆了一口氣。但隨之而來的新人際關係也不見得讓你神清氣爽，很可能身邊是一些可有可無的人，最重要的人卻和你分別了，必須承受離別之苦，沈溺憂愁之中。

◉**健康運：**疾病方面，可從苦痛解脫，從這層意思來看，輕症狀或突發疾病要及早處置，但重病就得看有沒有體力耐受了。

◉**其他：**物價、股價跌得一發不可收拾。談判、交涉、相親一切解除，不順利。天候風雨、雨中見烏雲。旅行、遷移改變氣氛吉。

〈爻位〉

初六：世中開始散亂的時期，因爲陰柔、不中不正，使自己什麼事也做不了，得九二賢人協助得吉福。

九二：得剛健中正，但與九五不相應，所以不能成大事。找個與自己身分相應的場所依靠，以此爲據點向前進展。

六三：不中不正、缺乏才能，爲了收拾現在散亂的狀態，必須定心省思，不省不悔爲小凶。

六四：輔佐位正的九五首長，使現在的紛亂狀態統一，首先解散自己的黨派，以大團結爲目的，得成功。

九五：內部分散不安定，處於不和狀態，爲了收拾此狀態，必須明示規定，沉著爲吉。

上九：隱退對於現在散亂狀態沒有直接責任，即使被請出馬也不爲所動，所以不會受傷。

風山漸

停後前進是一種常態，須謹慎漸進。

漸，女歸吉。利貞。

象意・**漸進**

上九	⚊	○吉
九五	⚊	○吉
六四	⚋	△小吉
九三	⚊	●凶
六二	⚋	○吉
初六	⚋	▲小凶

漸是指女子出嫁時，必須遵守當時社會規定的正確順序才可得吉。同樣地，凡事均有其正道，不焦、不急、不倦、不撓，配合時勢與環境順序漸進時，不知不覺地會發現，山上樹木已長成高木，得吉幸。

〈占考〉

◉事業運：緩緩依序前進，積小成大不要焦急，在不知不覺當中累積實力。對於整個人生而言，大事業、小孩教育、結婚、造屋等都是費時費力的事情，必須經過一段時日才看得到成果。

不要急功好利，耐心靜待時機來臨，「羅馬不是一天造成的」。

◉人際關係：夫妻、父子、友人等一切人際關係，都必須慢慢花時間培育，些微的誤解也得慢慢解開。現在的人際關係都沒問題，最重要的是以信賴之心接觸融合，培育感情。

◉健康運：病人本身逐漸恢復體力。占卜疾病本身的場合，病勢在其次，但遲延爲凶意。惡性腫瘤、癌等，尤須及早發現、及早治療。

◉其他：物價、股價持續高檔。比賽必須有耐心地期待最後勝利。離家之人和失物都不會再回來。談判、交涉、親事耐心交涉。天候雲。

〈爻位〉

初六：循序漸進之初，初生的雁柔弱無力，高飛時前進至水際，但因無應爻及比爻，所以孤立無援、危險。

六二：雁具柔順中位之德，與剛强中位的九五相應，充分體會漸進之道，在安定的大石頭上養精蓄鋭，等待時機吉。

九三：雁進至陸上平地，但因不安定而捨家族，受六四誘惑離家，本身與家庭俱裂。

六四：雁進於木上。在水中找不到樹枝，還好能棲息於旁邊大木上，在不安定中求得安定。

九五：雁進於丘上。與應爻的六二成爲夫婦，但受六四及九三妨礙，三年後終於與六二結婚。

上九：雁飛上高空，升於雲端，隊伍整齊翺翔而去。來去均整然有序，亦爲人完成責任隱退之姿。

風地觀

上當、受騙、遭災難。磨練觀察眼。

觀，盥而不薦。有孚顒若。

象意・觀察

上九	⚊	△小吉
九五	⚊	△小吉
六四	⚋	○吉
六三	⚋	△小吉
六二	⚋	△小吉
初六	⚋	●凶

觀是從高處向四方環視，或者四方向中央仰望，不論何者均是仔細觀察內在之貌。此卦表示小人陰氣得勢、陽氣衰落，呈現秋風落漠的狀態。

在這種狀況下，不論受小人如何侵害，都以內在真實誠意，憑著一股祭神時的虔誠嚴肅之心服衆人，同心同挽頹勢。

〈**占考**〉

◉**事業運：**正如見花遇雨一般，只有外物沒有內實，當遭遇突發事故或災難時，便會重複事業失敗或借債，面臨破產境地，迎接最惡的狀況（大衰之卦）。除了著手新規事業之外，擴大事業規模、物質方面、理財方面的運勢均爲凶占。

反之，祭祖、宗教、學問、教育、藝術等精神、名譽方面爲吉占。至於選舉方面，即使當選也是傾家盪產的局面。

◉**人際關係：**身分、地位不同的上下關係多，在交往上著重形式、禮儀、觀念等，缺乏實質內容，學問、宗教、政治以外的不滿多。無法期待組織內閉鎖人際關係的解放創造性。

◉**健康運：**重病、久病，虛耗元氣、消耗體力，面臨危險狀態，但也有能得神佛加護之意。精神不安定、自律神經失調等精神面的衰弱，使病況比實際惡化。

◉**其他：**物價、股價從高檔急跌。比賽負。談判、交涉、相親不順。離家之人遠走他鄉，有危險。失物不再回。天候多雲時晴。

〈爻位〉

初六：不中不正居最下位，像小孩只會觀察身邊日常事物一般，短視而缺乏見識。

六二：具柔順中正婦人之德，與九五正相應，但下卦的坤之中爻見識狹窄，只有從窗窺世界的程度。

六三：只對自己曾做過的事反省，對於未來進退雖然有正確的見識，但也僅止於此罷了。

六四：位正與九五比爻，得其信任，被當成賓客對待，見識廣至看見一國盛衰之運。

九五：具剛健中正之德，從世中治亂、風俗美醜至一切盛衰，都引爲自己德、不德之戒。

上九：觀察九五行爲及結果，反省自己輔佐的方法正確與否，經常處於不安。

此卦向高位爻前進比低位爻能有高見識。

水天需

養精蓄銳的時期。泰然自若為信條。

需有孚，光亨。貞吉。利涉大川。

象意・待機

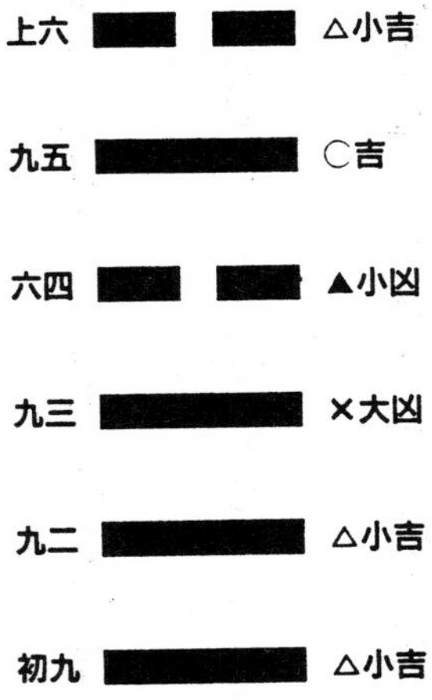

爻	卦象	占斷
上六	▆▆ ▆▆	△小吉
九五	▆▆▆▆	○吉
六四	▆▆ ▆▆	▲小凶
九三	▆▆▆▆	×大凶
九二	▆▆▆▆	△小吉
初九	▆▆▆▆	△小吉

需卦是下卦具有乾的剛健之德，想積極往前進，但前方（上卦）有坎的大川，必須靜待時機涉過大川，這時一定得有充分的準備才行。

上卦主爻有剛中之德，泰然自若不焦躁，培養足夠精力銳氣之後，便不會因急進而陷於危險，能夠涉大川、行大業。

〈占考〉

◉**事業運**：運勢如卦所示，前方有坎的大川橫阻，雲雨高掛天空，尚未至成雨滴落下的狀態。現在除了等待時機以外，什麼都不能做。

想要早日達到成功，必須有充沛的精力，所以必須趁此等待時機養精蓄銳，等待5爻的時期來臨。冒險激進只會失敗。

◉**人際關係**：談判、交涉、親事等都得等到5爻時即自然解決。與其你積極表示需要對方，不如讓對方積極表示需要你來得容易成功。由於交遊以飲食宴樂爲中心，所以要小心成人病。

◉**健康運**：注意因飲食不當造成的胃腸疾病、酒精中毒、食物中毒、性病等。另外也得注意肺、心臟、腎臟疾病及中風。很容易罹患慢性糖尿病，特徵是無法根治，必須格外節制飲食。

◉**其他**：物價、股價有上漲的氣勢，低迷後高漲。比賽以耐力取勝。談判、交涉、交易、親事等即使前途光明，也得等待5爻。離家之人去向不明，只有等待。失物不復回。天候烏雲後雨。

〈爻位〉

初九：遠離5爻的川流危險，處於安全的郊外場所，在那裡平靜生活、靜待時機。

九二：在川邊等多少有些危險性之處等待，因爲與九五不應，所以不要積極行動，被指責太保守也不要改變才能平安。

九三：在水陸境界的泥地與坎的險難連接，下卦是乾的上爻過剛不中之卦，不願等待、積極前進，有遭逢水災的凶意。

六四：身陷水難的危險狀態中，接受他人樸直的建言而脱離險境。

九五：剛健中正、充實內在，但與九二不相應，無法得到其協助，所以無法決斷實行大事，只有不焦躁地等待時機來臨。

上六：陰柔不才陷於坎的險難中，現在正是脱出險難的好時機。下卦的乾3陽爻是指有不速之客，聽取其意見得吉。

水澤節

積蓄不浪費，勤儉節約保持現狀。

節亨，苦節不可貞。

象意・節度

上六	⚋	●凶
九五	⚊	○吉
六四	⚋	○吉
六三	⚋	●凶
九二	⚊	▲小凶
初九	⚊	○吉

節是指事物的節度、規律，和言悅色地遵守不違背。此卦爲陰陽相當調和之卦，得九二、九五剛中，堅守調和狀態，所爲一切通達順利。但如果所有事情不以節度來控制時，則會出現無法收拾的場面，違反天地自然、違反人情事理。必須是讓人感到能自然遵守的規律，才能導正人的意志。

〈占考〉

◉**事業運：**此卦是沼澤內水積蓄太多，必須加以調節的狀態，凡事以遵守儉約、維持現狀爲基本。事業方面，現在是力的限界，不宜擴大、創新，就像竹子的節一樣，稍微分割才能累積更大成果。

◉**人際關係：**保持節度，不論再親密的朋友也要守禮節、不紊亂，這樣才能永保親密關係。愛情方面也以維持現狀最好。

◉**健康運：**因不守節度導致疾病之意。所以要小心暴飲暴食帶來的成人病，以及必須長期治療的肺結核、老人中風、腦血管硬化、癌症等。體力衰弱可能併發其他疾病導致死亡。中度以下疾病可守節制得痊癒。

◉**其他：**股價、物價持平。比賽輸，4爻、5爻勝。談判、交涉、交易、親事一切呈停滯狀態。離家之人在他方潦倒不再回。失物不復返。天候久雨。

〈爻位〉

初九：位正與六四爲正應關係，好像可以積極前進，但因上有九二陽爻，無法追上他，所以此時謹守節度、不離家門一步才平安。

九二：具剛中才能，與九五不相應。太過拘泥於節度、過於消極因而喪失應該前進的時機，無法自覺自己的責任爲凶。

六三：不中不正，沈醉於下卦兌主爻的悅樂中喪失節度，因而遭來災禍、悲嘆不已。反省減少失敗。

六四：與九五的首長相比，較爲貞節，故有安和及節操之象徵。得此爻應善盡義務、對工作全力以赴，必定得吉幸。

九五：具剛健中正之德，自己遵守節度規律不急不緩，適度調節皆大歡善，得吉。

上六：節度規律太嚴苛，想遵守又很痛苦，在沒辦法遵守的情況下，只有處於痛苦深淵中。稍微將標準放寬一點，對自己與他人都好。

水火既濟

完全安定的完成卦。雜亂應盡速修正。

既濟亨小。利貞。

象意・完成

上六	▅▅ ▅▅	×大凶
九五	▅▅▅▅▅	△小吉
六四	▅▅ ▅▅	●凶
九三	▅▅▅▅▅	▲小凶
六二	▅▅ ▅▅	△小吉
初九	▅▅▅▅▅	△小吉

既濟是指從初爻至上爻皆位正，應爻、比爻關係正確安定，事物均十全完成，今後全無發展可能性的狀態。除了行小事維持現狀外，一切積極行動皆凶意。堅守既濟之道很重要。此外，本卦初吉終亂，所以不可大意，即使小差錯也應立即修補。

〈占考〉

◉**事業運：**本卦爲一切事物均完成，没有什麼應該做的事。擴展現在規模爲凶占，維持現狀最佳，小錯立刻修補，或思考防止未來衰退之道最重要。初爻至3爻爲安泰，但4爻至上爻產生混亂，不久即邁向破滅。

◉**人際關係：**談判、交涉、親事一切已成就滿足，今後没有發展的餘地，要求更多只會造成破滅而已。交友關係目前也處於最善狀態，但小心今後破滅。從上卦坎象的水，及下卦離象的火來看，表示互不相讓，爲夫妻爭吵、親友不睦之別離象。

◉**健康運：**久病、重病者有生命到達終點之意，但通常的場合是已經完成萬全處置，只需適切療養以防併發症。小心遺傳性疾病、心臟疾病、精氣虛脱、神經衰弱等等。

◉**其他：**股價、物價一切題材出盡，現在是市場最佳狀況。比賽先勝後敗。談判、交涉、買賣應以現在成就爲滿足，深入則凶。離家之人、失物無法得到進一步消息。親事除已經決定之外，均爲凶。天候晴後雨。

〈爻位〉

初九：藉著狐狸疫坎川之象說明，狐的尾巴被水浸濕無法渡川，途中疲勞而返，勉強前進爲凶。

六二：想往九五之夫住處去，因此準備搭車前往，没想到車卻被偷無法前往。不要去追偷車之人，放置不顧車不久後就回來了。

九三：過剛不中行不必要的大事，破壞本來安定的狀態，使平地起波瀾，造成滅亡結果。

六四：過了既濟之半，開始出現衰亡兆候，即使一點小缺失也無法隱藏，必須終日提高警覺。凡事小心才不會發生差錯。

九五：具剛健中正之德居尊位，憂心太平時代的將來，無法歡喜自在地度日。就算你任何費用都花得起，但祭祀還是勿舖張浪費，以虔誠之心求神佛加護。

上六：天下太平狀態一變而成亂世，瀕臨滅亡危機，一發不可收拾。

水雷屯

創造前的陣痛。為前程做好準備。

屯，元亨利貞，勿用有攸往，利建侯。

象意·陣痛

屯是難，前進不得的狀態。就像創業之困難與陣痛，當下卦震的草木發芽之際，卻受到上卦坎的寒氣侵襲，如果勉強發芽一定會凍得枯死。因此現在不可勉強前進，將來尋得輔佐人才後，做好準備共同努力，在遇到困難時應仔細計畫檢討。

〈**占考**〉

◉**事業運：**創立新事物，例如創業遇到煩惱、陣痛時，不可貿然急進，應尋找可用之才共謀策略，無謀獨斷是大忌。也許有人因本業行不通所以往副業發展，這是凶占。現在應隱忍自重，培養實力、財力，做好萬全準備後再檢討計畫方針。

◉**人際關係：**就算這方有心交往，那方也因複雜情事而無法接受。往往因爲人際關係進展不順利而苦惱。現在急不得，必須請有力人士仲介，或與之商量後，等待時機到來。戀愛萌芽時的苦痛。

◉**健康運：**造成步行困難的疾病，尤其是5爻的胸部、心臟疾病、血行不順或排泄系統疾病、腎臟病、胃腸病等等。發病初期沒什麼感覺，但卻必須忍受長期病之苦，須愼選專科醫生。

◉**其他：**物價、股價低迷不展。比賽輸。談判、交涉、買賣必須請有力人士出面。親事夫家問題多、婚後勞苦多。離家之人窮困而歸。跌倒。失物不復返。天候雲後雨。

〈爻位〉

初九：位正有應爻、比爻，有克服屯之難的實力，但卻因時機來到、身份太低而動彈不得。

六二：爲柔順中正之爻，想向應爻的九五奔去，卻因下位的初九也具吸引力，而顯得不知如何抉擇。但最後能與正應的九五同心協力，與初九斷絶關係。

六三：不中不正、無應爻及比爻，輕舉妄動進入深山尋獵物，結果獵物没找到，自己也迷失在山中。

六四：爲了打開現在的僵局，必須借助應爻的初九剛强之力，但是心又被相比的九五吸引，此時是大好時機，一定要把握機會爲吉。

九五：具剛健中正之德居尊位，雖然努力想打開僵局，但協力者均爲實力不足的小人。是故小事可以通達，但大事難成。

上六：缺乏才能孤立。爲了打開屯的難關而努力，但卻也不得不嘗到失敗悲苦的結果。

水風井

困難出現。淡淡處理、磨練才能

井改邑不改井。無喪無得。往來井井。汔至亦未繘井羸其瓶凶。

象意·**水井**

上六	▬ ▬	◎大吉
九五	▬▬▬	◎大吉
六四	▬ ▬	○吉
九三	▬▬▬	△小吉
九二	▬▬▬	▲小凶
初六	▬ ▬	●凶

在下卦巽的木上汲水之卦，是吊桶與水井之象。井水取之不盡、用之不竭，可養育人及家畜，並使來往行人受惠。井水是生活中最重要的一環，但汲水必須利用吊桶，如果吊桶尚未將井水汲上就破壞時，則井水對人及家畜就毫無意義可言了。水井得不到效用是凶，吊桶破壞是大凶。

〈占考〉

◉**事業運：**就像用吊桶一桶一桶地汲取井水般，令人擔心的事也一件一件地出現，難得平安。對於新事業要謹慎，就像井水再怎麼汲取也不會減少一樣，現在持續的事，例如學問、技術、藝能方面，再怎麼努力也只是如此而已。在這時候如果你放棄，就一切都沒有了，應該耐心堅持到最後。

◉**人際關係：**難題相繼發生，終日為應對而苦。在人際關係中感到肉體與精神上的疲勞。但維持現狀最好的想法讓你不得不應對。家庭夫妻也有相同煩惱，勞苦終究會得到回報。

◉**健康運：**注意元氣損傷造成的精神病、肺結核及其他需要長期治療的疾病。一般疑難雜症多，久病會出現併發症，即使暫時康復仍會再發。癌症、腫瘤手術後尤其要特別留意。

◉**其他：**物價、股價上下波動激烈。交涉、談判、交易不斷出現問題，結果不明，缺乏耐心不利。親事也是痛苦不斷，無法成良緣。離家之人回來後再出走。失物不復返。天候風雨不止。

〈爻位〉

初六：不中不正的陰爻，且無相應之爻。舊井底淤泥、水濁不可飲用，連鳥也不肯來喝水的廢井。

九二：陽剛居中而無相應者，其井水效用也和初六差不多。難得才能不會活用。

九三：好不容易將井底淤泥清除，但因與九五不相應，所以無人前來汲水。就連上六的行人也憐惜九三的才華、良德。

六四：陰柔居於正位，也就是水井四周已修補完成，汲上來的水沒有污染，適合飲用。

九五：陽剛居於中正之位，是指井水清澈、取之不盡，可供衆人飲用。

上六：柔順之陰居正位，是指清澈井水發揮效用，任何人均可自由取用，水井不加蓋，恩澤廣披衆人。

坎為水

進退兩難。凶氣過盛，只有忍耐。

習坎有孚。
維心亨。
行有尚。

象意・坎險

上六	▅▅ ▅▅	×大凶
九五	▅▅▅▅▅	○吉
六四	▅▅ ▅▅	△小吉
六三	▅▅ ▅▅	×大凶
九二	▅▅▅▅▅	●凶
初六	▅▅ ▅▅	×大凶

坎是險難，習坎是指經歷雙重險難的困難境遇。由於九二與九五之剛具備中庸之德，因此能以至誠真心完成志願。不論陷於怎麼樣的苦境，只要能泰然接受試鍊、耐心對待難事，則不論成功與否，都能以中庸之道崇尚其行，受他人尊敬。

此卦與水電屯、水山蹇、澤水困並爲易之四難卦。

〈占考〉

◉**事業運：**相對於水雷屯是創業陣痛期，此卦則爲進退兩難的艱難至極卦。其內容包含破產、一家離散、犯法、殺人等一切難以解決的事，金錢難、疾病難、盜賊難、交通事故、詐欺等等，任何事都處於無法處理的狀況。爲了不讓情況繼續惡化，除了忍耐以外別無他法。

◉**人際關係：**愛情關係進展至破鏡局面。一般人際關係不是單方不願，就是雙方均不願，處於不和睦狀態，甚至陷於二派爭鬥中進退兩難。

◉**健康運：**因血液本身基因關係造成的遺傳性、感染性疾病，痛苦不堪。大部分是二種以上惡性疾病，因無法發現適當治療法而死亡。必須小心性病、白血病、癌症、水災造成的疾病。

◉**其他：**物價、股價暴跌。比賽輸。談判、交涉、交易等因欺騙關係發展至訴訟事件。離家之人有危險，遭遇窮困、疾病、傷害、事故等。失物不復返。親事、懷孕前途堪慮。天候大雨。

〈爻位〉

初六：掉入坎穴中的小穴內無法脱出，九二的比爻也陷入坎中無法自拔。

九二：陽剛在中，但有陷入坎穴無法出脱的情形。不要焦急，從自己能做之事一步步處置。

六三：不中不正、陰柔不才，陷入上下坎險之間進退兩難。現在身處之地也危險，險難愈來愈深無法出脱。只好耐心等待良機。

六四：陰柔居於正位，服務九五君王，能協助君王脱離困境。但必須捨棄虛華裝飾，徹底實施儉樸，善盡內助之功，同心協力克服險難。

九五：具剛健中正之德，得少數協助者幫忙，因處置得宜而克服層層險阻，前途光明。

上六：險難至極、陰柔不才，造成險難狀態的元凶難免極刑。

水山蹇

不敢直接面對困難，從身邊尋找解決方法。

蹇，利西南，不利東北。利見大人，貞吉。

象意・險難

上六	⚋	○吉
九五	⚊	○吉
六四	⚋	●凶
九三	⚊	△小吉
六二	⚋	▲小凶
初六	⚋	△小吉

險難橫阻在前方時，不要勉強前進，應該轉而朝向安全、容易的方向前進，絕對不可停留在險難之地，否則只有讓自己陷於窮途末路而已。

看見險難在前即轉向平安之地才是真智慧。避開險難之地等待剛強有力者救援，一定可脫離困境，克服蹇卦的困難狀態。

〈**占考**〉

◉**事業運：**前（上卦）方的坎有水，後方（下卦）的艮有山，處於進退兩難的危險。一定要忍耐從身邊小結一個個地解開，再進而向外求援。帶來的工作無進展，新工作或願望更無法達成，這是因爲協助者意見不合、意志情感缺少溝通所致。

◉**人際關係：**雙方之間有障礙、中傷，處於不和睦狀態，三角關係複雜化，無法立刻解決。任何事情只要稍微有進展，就會使事態更惡化，退一步與可信賴的人商量才是上策，或者可謂有力人士出面。談判、交涉、交易、親事等退守爲安。

◉**健康運：**消化器官、腳部、腰部疾病多，造成步行困難。過度疲勞、精力虛脫、惡性腫瘤等疾病可能因治療困難而惡化。

◉**其他：**物價、股價開高走低。比賽輸。離家之人在異地進退不得，不會再回來。失物不復返。天候多雲時晴有陣雨。這是萬事不明朗的時期，應該退守等待時運開朗時。

〈爻位〉

初六：不中不正、無應爻及比爻，呈孤立無助的狀態。從進退兩難的困境思考，一開始積極行動應謹慎，不可貿然前進。

六二：具柔順中正之德，應該可憑努力克服蹇的艱難。不是爲了一己之利，而是爲公共利益，所以即使身敗名裂也在所不惜。

九三：具剛强才德，處於接近上卦坎的險難危險狀態。應退居安全之地，保守以避災禍。

六四：柔弱陷於上卦的坎中，因爲沒有應爻，所以愈前進愈陷入險難當中。此時應尋求居下位者的協助，與內體九三連合一致方能有所作爲。

九五：剛健中正爲打開難局而費苦心，得應爻六二的協助，並有同志同心協力，能克服險阻。

上六：陰柔至極，前無可往，處於危險狀態，但與九三相應、與九五相比，藉此助力脫離危機。

水地比

獨斷凶。產生共鳴的人際關係，使人更充實。

比吉，原筮元永貞，無咎，不寧方來，後夫凶。

象意·親愛

上六	▆▆　▆▆	×大凶
九五	▆▆▆▆▆	◎大吉
六四	▆▆　▆▆	○吉
六三	▆▆　▆▆	×大凶
六二	▆▆　▆▆	◎大吉
初六	▆▆　▆▆	△小吉

比是二人並列之形，人與人親愛合作之象。此卦即說明人與人互相合作之道。就像一開始先從了解對方人格出發，與他人交談、思考結果，如果判斷對方是值得真心交往的朋友，則友情根深蒂固、以誠實爲基礎不改變。但在如九五般品德崇高者聚集周圍時，也要小心有不肖之徒夾雜其中，帶來凶意。

〈占考〉

◉**事業運：**比字代表二人並列親密合作之意，不可獨斷獨行。與他人同心協力可達成願望，帶來好結果。得上司協助排除困難，但如果沈醉於成功美酒當中，容易因異性、金錢問題而失敗。

◉**人際關係：**依卦辭説明是具有中正的魅力，在才能豐富的人物身邊成立集團，適應環境使人脈愈來愈廣。工作、興趣均一團和氣，即使在競爭意識中也能持續充實的人際關係，以共感共鳴的人際關係爲樂。但必須警戒自己不要沈溺其中而急於本務。

◉**健康運：**飲酒過度傷脾胃、肺癌、腎臟病、排泄系統疾病等。重病者體力、氣力漸衰，就像地面之水逐漸被大地吸光而死亡。

◉**其他：**物價、股價開高走低。比賽勝。談判、交涉、交易、親事等競爭多，或選擇太多而具危險性，切勿自恃幸運而心存不軌。離家之人沈溺於遊樂不再回來。失物不復返。天候雨。

〈爻位〉

初六：身分低、無應爻及比爻。初爻力量薄弱，但只要以誠待人即可得如九五般有才德者的真心，你會從九五處得到吉報。

六二：得柔順中正與九五相應，打從心底與九五親密，堅守妻之正道得吉。

六三：不中不正、無應爻及比爻，得不到正直之人的親近，卻與不該親密的上六惡人親近，因此惹禍上身。

六四：陰柔居正位，與九五剛中君王相比，受其指導。自己的老師就是自己的上司，幸運無比，可成爲優秀輔佐人才。

九五：剛健中正的首長，毫無私心、正大光明。去者不可追、來者不可拒，彌漫自由和樂風氣。

上六：由於傲慢而喪失與九五親近的機會，被孤立、無法善終、遭逢凶禍。

山天大畜

積蓄實力、不畏縮，必可成就大業。

大畜利貞。不家食吉。利涉大川。

象意・**積蓄**

上九	▅▅▅	◎大吉
六五	▅ ▅	○吉
六四	▅ ▅	△小吉
九三	▅▅▅	△小吉
九二	▅▅▅	▲小凶
初九	▅▅▅	●凶

大畜是培養自己內在的實力，成爲品行才德兼備的人。如果能積蓄實力，又能積極活用於世上，必可順應天道、成就大業。此卦具備下卦剛健的乾之德，與上卦篤實的艮之德，爲學習古人言行，記憶、玩味，日日增進才德的大賢之姿。

〈占考〉

◉**事業運：**努力的路途從初爻到3爻多爲停滯不前的狀態，但只要堅定意志、冷靜忍耐分析事態，必可積蓄實力，從4爻到上爻逢時運、成大業。不要只甘於小成就，一定要期待大成功，所以相對的努力付出相當重要。著手新規會遇大障礙，沒有好結果。

◉**人際關係：**談判、交涉、交易一切都呈停滯狀態，沒什麼進展。但3爻至上爻有希望，而且多爲有利場合，所以必須沈著冷靜地努力。培養有能力的部屬或心腹，對將來很有助益。

◉**健康運：**疾病需要長期治療，必須有足夠的體力與耐力，到上九時就快痊癒了。注意頭痛、精神病、宿便、厭食、腫瘤、成人病等等。癌症不治。

◉**其他：**物價、股價爲高平穩狀態。比賽有耐心則勝。離家之人被留在他方，至上爻即可歸來。失物在家中，但很難找出。親事的對象是大户人家，沒什麼進展，但至上爻時成立，女性招贅吉。天候雲後雨。

〈爻位〉

初九：位正與六四正應，但大畜之初，學問、才德均處於未成熟階段，必須聽六四忠告勤勉向學。

九二：得剛健中正與六五正應。深信自己未來可成功，專心培養實力吉。

九三：在上卦乾卦的上位，才德與才能均充分養成，實地累積經驗、準備周到吉。

六四：元氣旺盛的年輕人，不知什麼是害怕地發揮自己的才德，我行我素地自由發揮意外得到好成績。再繼續磨練專門才能吉。

六五：借應爻九二之力行事，九二鉅細靡遺地細心指導，雖然有點繁瑣，但對未來很有助益，得吉幸。

上九：是下卦乾3陽爻的部屬，能活用本身才能，什麼事都肯做，成功有望。

山澤損

現在的損失是將來的利益。無慾不急、誠實應對。

損，有孚，元吉，無咎，可貞，利有所往。
曷之用？
二簋可用享。

象意・減損

上九	———	○吉
六五	— —	◎大吉
六四	— —	△小吉
六三	— —	▲小凶
九二	———	△小吉
初九	———	○吉

損是減下卦的1陽配兌，加上卦的坤而成立的卦。損下益上供其用，一定要充實內在真心。就像徵稅一樣，誠心誠意、公正無私、減過剩行正道得大吉。但現在是損的時候，收入不豐的情況下，爲政者必須凡事節約，也要節制國家重大行事。

〈占考〉

●**事業運：**現在是損的狀態，但這反而對將來有利。犧牲自己爲對方付出，往後必然會得到回報，是喜上眉梢的吉占。尤其初爻至3爻損的凶意强，4爻至上爻吉的意義强，所以現在的不順利會逐漸好轉，應不慾不急、忍耐、誠實應對爲吉。

●**人際關係：**抑制犧牲自己，爲對方付出而得到回報的吉卦。談判、交涉、買賣即使現在受損，但往後必定有大利益。

從這層觀點來看，就算乍看之下一點好處也沒有，仍應積極接受，親事也是一樣，該讓就讓，終究會得良緣。

●**健康運：**過度疲勞造成的體力精力消耗、腦部疾病、厭食、肺系統疾病、腫瘤等等。久病使得精神不安定、悲觀，但心機一轉，只要耐心療養身體，在體力氣力增强時，疾病也隨之痊癒。

●**其他：**物價、股價先低後高。比賽出師不利而後勝。失物不復返。離家之人留在朋友家中。天氣雲。

〈爻位〉

初九：位正與六四正應，順應其要求停止現在的工作最有利。

九二：陰位陽爻得中位，所有之物無過與不足現象。應爻的六五也是陽位陰爻得中位，處於平均狀態，不用互補不足。

六三：本來是陽爻，與下卦兌的其他2陽爻不合而成多餘者，應外出尋找適當對象配合。

六四：陰爻虛弱卻居高位，應得初九應爻陽剛之力而減損疾病。

六五：柔順中正之德居高位，以應爻九二爲首的天下賢人，以至於鬼神均提供最佳幫助，得吉幸。

上九：爲了益下而從事公共事業、福利事業、義工等活動，多半忘我無私地獻身。

山火賁

未來難預料。過度裝飾自取滅亡。

賁，亨。
小利有攸往。

象意·**裝飾**

上九	▅▅▅▅▅	△小吉
六五	▅▅　▅▅	△小吉
六四	▅▅　▅▅	△小吉
九三	▅▅▅▅▅	○吉
六二	▅▅　▅▅	▲小凶
初九	▅▅▅▅▅	○吉

賁是文飾，文飾很重要，藉此通達志向，但總是有個界限，即使很方便，但只靠文飾終究行不通。

例如太陽是天飾、山是大地的裝飾，從日月星辰運行到四季自然變化、晝夜交替一切都是文明裝飾，這些裝飾都應適可而止。人類社會的物質文明也如賁象，裝飾應適度，充實內在最重要。

〈占考〉

◉**事業運**：明不及於遠方，未來不可預料，爲了掌握狀況，這不是行大事大業之時。暫時性的事、身邊小事、學術、藝術、裝飾、技藝、服飾、室內設計、美容院等工作良好。不要太過虛華，小心資金調度困難而陷於深淵。依爻位判斷裝飾程度。

◉**人際關係**：外表虛華的交際多，花費大而缺少內在充實面，導致嚴重敵對意識、色情問題發生。談判、交涉、買賣都只有外表而缺乏內在，即使有折扣也不應考慮。內部隱藏許多醜陋秘密，所以親事的對象可能有尚未處理的異性問題，應謹慎而爲。另外婚後沈溺於奢華生活，會造成破鏡結局。

◉**健康運**：心臟、脾臟、大腸、小腸、腫瘤、性病、口腔疾病、腰痛等等。病情嚴重、併發其他疾病，導致治療困難。長期病及難以啓齒的隱疾、感染性疾病，也很難治療。

◉**其他**：物價、股價被壓抑，未來難預料。比賽輸。離家之人因色情關係就在附近，短期內會回來。失物在家中。天候多雲時晴後雨。

〈爻位〉

初九：位正堅實，即使有購買轎車的能力，也不會為了虛榮而買車。為了健康而安步當車，不會被外界時尚所誘惑。

六二：柔順居中正之位，但喜好文飾，受九三誘惑行動，共同滿足於虛飾。

九三：裝飾之極、美麗之頂點，美麗持續永恒為吉，不會受到責難。

六四：從賁的文飾回歸質樸，喜歡白色文飾甚於紅、藍。與同志初九一起協力誘導質樸風潮，一開始受責難，後吉。

六五：具柔順中正之德，為了導正世上文飾奢侈的風潮，修復田園、獎勵農業、反璞歸真吉。

上九：無位的高潔隱君子，遠離浮世榮辱，在山上超然質樸而生活，實踐無飾之飾。

山雷頤

外表看起來沒問題，實際上內在像火車般呈不和狀態

頤貞吉。

觀頤自求口實。

象意·頤養

上九 ━━━━━ ◎大吉

六五 ━━　━━ △小吉

六四 ━━　━━ ○吉

六三 ━━　━━ ●凶

六二 ━━　━━ ▲小凶

初九 ━━━━━ ▲小凶

頤就是養的意思，養身心、養家族、他人，或自己讓他人養等養育之道。養行正道爲吉，觀養是指仔細觀察是肉體之養或精神之養，除了口實之養外，還得勤勉努力求取精神之養。上下2陽爻是養的立場，中間4陰爻是被養的立場。

〈占考〉

◉**事業運：**此卦是2陽爻兄弟協力與家業，扶養4陰爻的家族，或養共同事業的職員，屬於身心養育之占。初爻與上爻2陽爻內的空虛內在，使得盡力維持生計沒有餘裕，外表看起來好像是同心協力，但實際上不平等、不公平，口角爭論不斷、內容模糊，容易發生文書、印鑑方面的差錯。

◉**人際關係：**與言詞、飲食有關的卦，互爲志同道合之士，在宴席上暢談甚歡，外表看起來同心協力，但卻容易因不滿、嫉妒的感情產生口角爭論。在非真心交往也非完全分裂的狀態下繼續交往。

◉**健康運：**飲食導致的胃腸病、成人病、無力、口腔疾病等，內部比外表嚴重。與其採用醫療法，不如採用食療法耐心治療。

◉**其他：**物價、股價上下波動。比賽輸。談判、交涉、買賣、親事雖然表面順利，但卻多爲虛飾、無內在，甚至全是謊言，有調查的必要。離家之人即使回來也會再出去與愛人共同奮鬥。失物不復返。天候薄雲。

〈爻位〉

初九：位低、養育力薄弱，不滿自己所處的境遇。羨慕上九的富有之勢，惹凶禍。

六二：不滿被比自己位低的初九養育，希望被毫無關係的高位上九扶養，積極向前爲凶。

六三：不中不正、接受應爻上九的頤養，而且也希望讓初九扶養，這種不正小人終會被放逐。

六四：位正身份低，接受應爻初九頤養，盡自己的義務。就像老虎盯住自己的獵物一般，只顧著要求初九、接受其頤養。

六五：居最高位，但自己缺乏實力，雖想重返被上九頤養之道，但還是維持現狀好。

上九：居實質最高位，所有人都受其頤養，雖然有不中不正之人帶來危險性，但得吉。

山風蠱

腐敗與頹廢之卦。一旦敗壞則必須改革。

蠱，元亨。
利涉大川。
先甲三日。
後甲三日。

象意・腐敗

上九	▅▅▅▅▅▅	○吉
六五	▅▅　▅▅	○吉
六四	▅▅　▅▅	×大凶
九三	▅▅▅▅▅▅	△小吉
九二	▅▅▅▅▅▅	△小吉
初六	▅▅　▅▅	▲小凶

蠱是長年累月平安無事的結果，使得世間風氣混亂頹廢。治極亂生、亂極治生，一切事物行至不可行處就必須有變化以暢通，使沈滯之事物得以伸展。但變化必須克服許多困難，仔細調查積弊的原因，對於改革的結果也一定要充分檢討後才實施。

〈占考〉

◉**事業運：**事業、家庭、人際關係都呈腐敗、頹廢的狀態。一旦敗壞就該打破舊弊、積極改革，這是成功與否的關鍵。

適與不適藉著各爻判斷，積極、建設之事一切容易破，會發生意想不到的事故、遭逢災難，所以前進一切不可。

◉**人際關係：**年長女性與年輕男性沈溺色情淫慾中，一切均從內部開始腐爛敗壞，即使老朋友、親人也有不愉快的感覺，無一安定。爲不信任之占。

◉**健康運：**長年來不注意飲食使得病毒腐敗全身，爲必死之凶占。惡性性病、白血病、腫瘤、腸癌等各種不治癌症及中風、精神錯亂、蛔蟲等病源充滿體內，恢復無望、危險多。

◉**其他：**物價、股價暴跌後急升至高檔。比賽勝。談判、交涉、緣分破裂，發展至訴訟事件或傷害事件。離家之人爲色情所困，自殺未遂等事件發生。失物破損已經無用。天候雲後晴，夏暑雲、秋冬枯木荒天。

〈爻位〉

初六：不中不正的陰爻，意志薄弱、能力不足，必須加以修復破損處。現在修復破損負擔輕，但修復刷新還得相當的努力。

九二：父亡之後，由九二小孩修復六五母親所製造的破損，但對母親不要太嚴苛，應柔和應對。

九三：隨著卦爻的進行，損傷愈來愈大，越來越難應付，此時斷然改革刷新少得咎。

六四：陰柔不才，無法刷新上一代遺留下來的蠱敗。優柔寡斷、姑息養奸，使破損更嚴重。

六五：具備柔順中正之德，輔佐九二的剛健中正，終於一改上一代的積弊，得大榮譽。

上九：除去一切應該矯正的蠱敗，成就功名，但沒有求取功名之心，所以引退以養德，行爲清潔足以感化周圍所有的人。

山水蒙

沉溺五里迷霧中。應聽有見識者的意見、用功。

蒙亨，匪我求童蒙，
童蒙求我，初筮告，
再三瀆，
瀆則不告，利貞。

象意·教育

上九	▲小凶
六五	◎大吉
六四	●凶
六三	×大凶
九二	◎大吉
初六	△小吉

蒙是山下小流逐漸匯集成大流注入大海。現在處於幼稚、前途如霧中的小流般不確定狀態，但往後智慧必開，所以啓蒙老師很重要。九二與上九代表老師，其他4陰爻則代表學生。九二陽剛中正的老師與六五柔順中位的學生，是本卦的中心，學生接受教育使教育成立。「初筮告」以下如第一章占例所述，是表示不可胡亂實行易占。

〈**占考**〉

◉**事業運：**凡事未來不可測，好像在濃霧中行進，因無因蒙昧而受騙、犯法、失敗。霧逐漸放晴，一切都像最初所見般，將來非常有希望，因聽從專門知識者意見，不要焦急、漸進的努力非常重要。學習、用功、接受教育是吉占。

◉**人際關係：**以學習、教育爲中心的人際關係多吉幸。與無共通目的的人士交往，就如同在霧中伸手不見五指般，無法掌握對方的心情，只有苦勞與浪費時間而已，應該尋回正途。交際、買賣、親事等也因對方心情不明，而處於誤解狀態，只有找可信之人商量。

◉**健康運：**胃腸障礙、血行不順、內部出血、神經症、老人痴呆症、精力消耗、結核性疾病等病因不明疾病多，內在比外在嚴重，所以從外表不太看得出藥效，必須長期治療。

◉**其他：**物價、股價低迷後上升。比賽先敗後勝。離家之人爲學業所困，不久後會回來。失物不復返。天候晨有雲、午間放晴。

〈爻位〉

初六：不中不正、學習意志薄弱的學生，幸好得九二陽剛中正老師啓蒙，但需嚴格規律。

九二：了不起的老師，能包容任何資質的學生，因材施教予以啓蒙，其中必出大有爲的學生。

六三：不中不正、陰柔的學生，將自己成績不理想歸咎於老師，於是再三換老師。此爻謂勿取女，像這種無操守的女學生不要也罷。

六四：互體（☷）的中央陰柔蒙昧至極，與啓蒙的陽爻老師無應比關係，所以在生涯中有知識、學歷不足之苦惱。

六五：柔順中正之志的學生，一味地接受老師啓蒙，在社會上印證教育成果。

上九：過剛不中、教育方式太嚴，所以教育效果少，應努力調整教育環境，防止學生惡行。

艮為山

分辨是非。重新找回自己的好機會。

艮其背，不獲其身，
行其庭，不見其人，
無咎。

象意・**靜止**

上九	▅▅▅▅▅	○吉
六五	▅▅ ▅▅	△小吉
六四	▅▅ ▅▅	△小吉
九三	▅▅▅▅▅	●凶
六二	▅▅ ▅▅	▲小凶
初六	▅▅ ▅▅	△小吉

人的背部没有感受外界事物的器官，在此以停留在自己的背上，表示對外界事物無慾望、不關心，没有自我。像這樣對任何事均無慾望、不關心，連自我意識也没有的狀況下，走入別人的院子裡時，因心不在此而見不到主人。無我、無人、無慾，一切呈靜止狀態無過失。

〈占考〉

◉**事業運：**每一座山都靜止在那裡，這是以自己的才能、素質、地位做相應之事的時機，必須順應天命、安心立命。積極進取或從事新工作都必定遭遇障礙、挫敗，凡事維持現狀爲吉。當你放棄一切慾望時，將從中發現嶄新的人生。

◉**人際關係：**以願望爲中心的人際關係當中，與人意見不合而孤立。談判、交涉、買賣、親事等一切不順利。在內外互害、相背的環境中，可藉坐禪、靜思重新找回自我。

◉**健康運：**血行不順、腰痛、中風等半身不遂、關節炎、風濕、食物中毒等慢性胃腸病、腫瘤在體內生根等不治之症多。比外表得知的嚴重。

◉**其他：**物價、股價高飽和、動彈不得。比賽形成拉鋸戰或險勝。離家之人在他鄉生根，不再回來，家庭不和。

失物在家中。天候雲。房屋貸款還清、營利事業達成目的，今後可以悠閒度日。轉向宗教、學問、藝術方面可得吉幸。

敗。

〈爻位〉

初六：不中不正、位低，無應爻及比爻，所以不會受人誘惑，靜止所以不會失敗。

六二：無法依自己的意志而動，不論動靜皆隨九三而行，因不便而感到不愉快。

九三：位於身體上下之境界的腰部，過剛不中的頑固者，即使該動時也不動，妨礙上下意志疏通，偏向與過剛造成危險。

六四：陰柔不才居高位，孤軍無援難以治人治世，僅能守貞正保身。

六五：陰柔不才居於正位，只要正禮儀、守節度，即可秩序有致、萬事亨通。

上九：長久的辛苦終於得到解脱，具剛强之德，一切努力都見豐收，晚節可全。

山地剝

陰氣勝，辛苦建築之物被他人剝奪。

剝，不利有攸往。

象意・**崩壞**

上九	▅▅▅▅▅	△小吉
六五	▅▅　▅▅	△小吉
六四	▅▅　▅▅	×大凶
六三	▅▅　▅▅	△小吉
六二	▅▅　▅▅	●凶
初六	▅▅　▅▅	●凶

剝是剝落之意，陰氣過盛剝落陽氣進而陰化，小人勢盛時不可積極行事。

順應天地之道行光明正大人生的人，亦即君子崇尚陰陽2氣交互伸展、增大，消滅、衰弱的天地自然運行之理，明白盛者不可能永遠爲盛，衰退也同樣遵循天地陰陽之法則進退。

〈**占考**〉

◉**事業運：**山崩成平地，家業、事業、名譽、地位等辛苦建立起來的一切，都被剝落而呈破滅狀態。衆陰後剩下最後上爻的1陽也被奪取，家屋因巨額負債被查封、僕人叛逆、與不良女性交際等陰氣剝奪陽氣的此卦，意外事故多，不要談什麼積極發展，連維持現狀都有困難。處於破產危機。

◉**人際關係：**因賭、色而導致散財，喪失家庭、地位、名聲的危險性潛藏著，現在一切人際關係處於最惡狀態。大部分被推舉出來選舉、擔任負責人，雖名譽暫時滿足了，但事後得爲負債所苦。

◉**健康運：**疾病處於最惡的狀態。如果輕忽小病有急速惡化的危險。全身衰弱、消化機能萎靡、腦病、精神耗弱、頭部腫瘤等。

◉**其他：**物價、股價暴跌大損失。比賽輸。離家之人有自殺的危險。失物不復返。天候雲後大雨，注意山崩、雪崩。

〈爻位〉

初六：初六至六三可視爲上卦艮象的床舖腳，初六更是腳底。小人剝落君子時，必定是從對方不注意的重要手腳開始。

六二：已經剝落到床的上部，也可解釋爲人的膝蓋部分，再繼續下去，正義之道必定滅亡，自食惡果遭凶禍。此爻若本來環境好就善良。

六三：床舖表面不中不正，但受上九應爻的恩惠照顧，除了行正途之外什麼也不爲，不會遭凶禍。

六四：相當睡在床上之人的皮膚，表示禍及身邊無法恢復的狀態。

六五：剝盡之極，與唯一的陽爻上九相比，出現妥協的餘地，取其他4陰爻與上九成立和議。

上九：剝之極，山頂大樹木上有大果實，大果實成熟後落在地上，其種子可能再繁衍。小人們至這1陽爻被削落，也是他們自取滅亡。

地天泰

久處太平時代中，要注意怠惰、色情問題

泰，小往大來。吉。亨。

象意・**太平**

上六	⚋	×大凶
六五	⚋	○吉
六四	⚋	△小吉
九三	⚊	△小吉
九二	⚊	◎大吉
初九	⚊	○吉

泰是天地陰陽之氣調和的狀態，萬物能生成化育。相對於以往陰的小人出外的衰退，現在陽的君子內在充實而勢旺。像這樣君子之道榮、小人之道衰，萬事光明正大、上下意志充分疏通，一切均可伸展。

〈占考〉

◉**事業運：**現在上下意志疏通，人們皆親，處於和合安泰的運氣。但如果因爲平安而鬆散心情，混亂便會在不知不覺中產生，所以這是難全而終的象意。萬事以維持現狀爲中心，居太平之世勿忘亂世之苦很重要。

初爻至3爻爲吉占，4爻至上爻是太平崩壞，最後陷於無法收拾的狀態。尤其注意夫婦、男女問題。

◉**人際關係：**現在一團和氣，一切人際關係良好，維持現狀得費點心。交涉、談判、買賣、親事等最初進展順利，但後半開始，或協議成立後就會出現各種苦情，終日爲混亂所苦，發展成三角關係。必須注意隨時警惕自己努力不懈怠。

◉**健康運：**泰表示陰陽和合的健康狀態，但如果已經罹患疾病，則下卦乾的3陽爻爲病根，是癌的發病之兆，病情比所見嚴重。

◉**其他：**物價、股價極平穩。比賽勝。離家之人與男女一起營生，女性不再回來，男性會回來。失物尋獲。天候晴後轉壞。

〈爻位〉

初九：剛強居正位，與六四相應，就業被錄取時，上位2陽爻朋友也各有真應爻，一起發展。

九二：具剛强中正的才能，與六五相應得其信任，接受重大任務，公私分明，善盡職責。

九三：越過太平時的頂點，所以更不可大意，必須努力維持太平狀態。

六四：陰柔不才居高位，爲了防止太平衰退，應借助下位3陽爻之力，謙虛受教永保太平。

六五：具柔順中正之德，信賴應爻的九二，一切委任予他，在其指導下維持太平福祉。

上六：泰平之世被掩蓋，亂世中上下意志不通，到處缺乏秩序、發生爭亂，只有身邊安全。

地澤臨

萬事完成前之吉兆。急功造成失敗。

臨，元亨利貞。
至於八月有凶。

象意・躍進

上六	— —	○吉
六五	— —	◎大吉
六四	— —	○吉
六三	— —	●凶
九二	———	◎大吉
初九	———	○吉

臨是下2陽爻循序成長盛大時，六五與九二相應，具下卦兌的和悅之德與上卦坤的柔順之德，萬事榮盛延伸。但即使現在陽氣旺盛，也無法永遠持續，到達頂點之後，陰氣之旺便來造訪，須提早警戒防備為宜。時期在八月（陰曆），這也是天道。

〈占考〉

◉**事業運：**上升運氣，邁向完成前的一步，充滿陽氣與自信，爲了實現希望而跨出最後一步的時機。新規計畫被實行、地位升高、家業繁榮、學業向上，萬事處於吉兆。但過於剛强或感情用事、急功好利時，敗退必定來臨（九月）。

◉**人際關係：**下面2陽爻運氣漸盛，能活躍於社會，受上位者歡迎提拔。照卦辭所言，得兑的和悦與坤的柔順之德，受人喜愛、心靈相通、成功可望。爲求急功而暴進只會造成失敗。

另外，現在順利並不長久，需小心八個月後失敗。

◉**健康運：**重病者病情急進，陷於精神不安定的危險狀態，但脱離危險期的人或輕症者，生命力旺盛，很快即可痊癒。

消化不良、肝臟、脾臟等内臟機能障礙多。

◉**其他：**物價、股價上升中。比賽勝。談判、交涉、買賣、親事以和悦柔順態度前進得吉幸。離家之人、失物八個月後歸回。天候晴。

〈爻位〉

初九：位正具剛强之才德，與六四高位者相應，使其感動、信任，能以自己之道行事、成就大業。

九二：具剛强中正的才德，與六五的首長相應，得其信任，對上司也主張自己意志，能實現志願。

六三：不中不正、意志薄弱，只是信口開河、缺乏信用，處事輕浮、萬事不成功。

六四：居正位要職，爲了貫徹任務，拔擢新進銳氣的初九，得其力無咎。

六五：具柔順中正之德，信任並重用剛中的九二，以其才德臨世得吉幸。

上六：此卦的終極位置，無應爻與比爻，只寄望下位初九、九二的成長茁壯，一切都寄託在他身上，這是正確的，吉兆。

地火明夷

才能、實力不被認同。藏才以保身。

明夷，利艱貞。

象意．晦冥

上六	▅ ▅	×大凶
六五	▅ ▅	▲小凶
六四	▅ ▅	▲小凶
九三	▅▅▅	○吉
六二	▅ ▅	△小吉
初九	▅▅▅	△小吉

夷字可以傷害、誅滅來解釋。所謂「利艱貞」，就是要韜光養晦以委曲求全之意。昔日周文王遭殷紂王羑里之禁，就是以韜光養晦、委曲求全的氣度來蒙受大難，最後也以此德免於大難。而封王的叔父箕子也因紂王暴虐無道、不聽諫言，於是披髮佯裝發瘋以免禍害加身。這都是大智若愚的最佳寫照。

〈占考〉

◉**事業運**：不論具備什麼才能、條件，都無法獲得上司與世人的認同，由於與流行風潮背道而馳，所以任何事都難以成功，如果想硬往前闖，最後只有失敗一途。現在宜控制自己的主張，將計畫或方針隱藏起來，才能也不要表現於外，忍耐直至情勢有變化。保護自身不受外界危害、中傷最重要。也有守秘之意。

◉**人際關係**：即使受到誤解、中傷，也無法開解、說明，人際關係處於最惡劣狀況。要注意別讓自己受到危害，小心盜賊、詐欺、火災、交通事故等災難。談判、交涉、買賣一切均爲凶占，親事不良。

當喪失他人信任後，會悲觀得想自殺。

◉**健康運**：重症者意識不明，呈昏睡的危險狀態。眼、腦、心臟、精神、胃腸機能低下，痴呆症、發狂、精力虛脫等大多不可治療。

◉**其他**：物價、股價低迷不振。比賽輸。離家之人多藏在附近，女性可能踏入煙花柳巷，精神病者有自殺的危險。失物落入盜賊手中難尋回。天候雲後雨。

〈爻位〉

初九：位正遠離上六的暴虐首長，所以可能遭受迫害，應在被害之前快逃，即使不進食也沒關係，兼程遠行，自有所往之處。

六二：由於服務明夷昏君而遭禍，但只是傷左腿的程度，如果有健壯馬匹可代步，則可免大禍。

九三：剛强的武王爲了討伐應爻的昏君紂王，以狩獵名義向南方前進，征伐之目的在明正其罪，但這是不得已的行爲，最好愼重考慮後再下決定。

六四：紂王的兄長微子得知紂王毫無悔意後，思及殷滅亡後先祖繼承問題，便悄悄逃離。

六五：此卦乃以箕子之志爲例，箕子之所以能獨正其志，主要是確信眞理是無法推翻的。

上六：紂王就任天子之位，卻因暴虐不德而使諸侯、萬民不願跟隨，終於被武王所滅。

地雷復

一陽來復。追順前進、不怕失敗。

復，亨。出入無疾。
朋來無咎。
反復其道。
七日來復。利有攸往。

象意·一陽來復

上六	▅▅　▅▅	×大凶
六五	▅▅　▅▅	○吉
六四	▅▅　▅▅	△小吉
六三	▅▅　▅▅	●凶
六二	▅▅　▅▅	○吉
初九	▅▅▅▅▅	△小吉

復是重複之意，1陽之下重複1陽又1陽，現在尚微弱，但會愈來愈強勢。因爲1陽不斷重複，同類陽聚集使陽氣更旺。陽是反復進退之道，期間從天風姤起第七天。像這種陽氣延伸得天時，但由於氣尚微弱，所以應該專心頤養陽氣。

〈**占考**〉

◉**事業運：**嚴冬已去，終於一陽又來，這是看見春的明亮、運氣旺盛時期。不要急，如果有過錯就反省修正，追著順序前進，等時運來臨，即可一舉成功。另外，新規開始之意强，再度挑戰容易成功，即使稍微失敗也不要屈服，重複二、三次必可成功。

◉**人際關係：**就像雨降到地面濕了又乾、乾了又濕一樣，反覆交往可增加親密關係，代表相互理解的良友意義。

邊反省過錯邊修正，使友誼更堅固、人際關係更廣闊。與老友再相逢，或與分手戀人再復合、再婚等等，不會重複相同的失敗。

◉**健康運：**疾病一陽反復向痊癒之途前進，不可大意，養生第一。但癌細胞復發就很危險了。腳氣病等步行困難的疾病或舊症狀復發多。

◉**其他：**物價、股價從低檔上升。比賽勝。離家之人、失物找回。初婚凶、再婚吉。天候雲後晴。

〈爻位〉

初九：位正、迷途知返，不會走到後悔的地步。專心本業，運勢自然亨通。

六二：柔順居中位，接受初九的指導，迷途知返、無過失，得吉。

六三：不中不正、輕舉妄動，屢次犯錯，但每次均能悔悟回歸正道。因爲乏人教導，所以得經過一段時間後才能回歸真實之道。

六四：位正與初九相應，接受其指導回歸正道。

六五：得柔順中正，無應爻及比爻，本身考察無誤，可以回復善道。

上六：象徵著迷惘，不易回到正道，離正道很遠。無應爻及比爻，連自己也喪失回到正道的信心，得凶。

地風升

社會信用提升，日益進步，一切順利。

升，元亨。
用見大人。
勿恤。
南征吉。

象意・伸展

上六	⚋	●凶
六五	⚋	◎大吉
六四	⚋	○吉
九三	⚊	△小吉
九二	⚊	◎大吉
初六	⚋	○吉

升卦具有下卦巽的謙遜之德與上卦坤的柔順之德，由於九二剛强中正賢人與六五柔順中正首長相應、互信，所以事情進展順利。與六五同心協力行吉，能依自己方針、企畫行動，配合自己的期待得吉幸。六五與九二之志行天下，達成晉升之道。

〈占考〉

◉**事業運：**草木接受春天氣息生長旺盛之晉升運。地位晉升、新工作、新事業發展均吉。能得長上提拔，或得到優秀輔佐人才，提升社會信用，一切條件均佳。不激進、一點一滴地累積努力，即可日益精進。往南方進展吉，文化、企畫設計方面皆吉。

◉**人際關係：**同心協力實現共同目標、計畫，充滿熱情地努力，自然能與志同道合之士結合、擴展健全的人際關係。每日享受充實的人際關係，與前輩、有識者交往的機會多，能在愉悅中成長。談判、交涉、買賣一切均圓滿成立、解決。親事可得良緣。與南方有識之士交往結果良好。

◉**健康運：**因爲輕視小疾病，所以使病情惡化，有併發其他疾病的危險。食物中毒、惡性傳染病、精神病、暈眩、腳氣病等等。

◉**其他：**物價、股價高漲。比賽勝。離家之人往南方。失物過一陣子會發現。天候雲、風、雨均佳，春至夏吉，秋至冬爲凶占。

吉。

〈爻位〉

初六：在巽順與剛中的九二相比，相親相愛、志同道合，隨著九二活躍晉升得大吉。

九二：得剛强中正，獲六五首長的信任，意氣相投，充分發揮力量得吉。

九三：過剛不中與上六相應、與六四相比，什麼都不怕，勇往直前如入無人之境。只是任意而行恐怕超出自己分際，要謹慎。

六四：控制自己的分寸，處事有節，因此即使面臨危險狀況也不得咎。

六五：與九二賢人相應，深得其信任、聽取其意見，循序漸進成就大志。

上六：柔順之陰坐於正位，即使在不知不覺中居於最高地位，也終將失去一切。

地水師

競爭心、對抗心帶來孤立。謙虛使一切和合

師，貞。
丈人吉，無咎。

象意・戰爭

上六	⚋	△小吉
六五	⚋	○吉
六四	⚋	△小吉
六三	⚋	×大凶
九二	⚊	○吉
初六	⚋	▲小凶

師即戰爭之意，敘述讓許多人參加戰爭之道。在上卦坤的地下堆積下卦坎的水，水在地上不能用，於是農民群起發動水的戰爭。率領衆人出戰，第一是因爲這是有必要的正義之戰。第二是指揮衆人的人必須如九二般智勇兼備，不但戰爭勝利，並且免除戰爭帶來的惡害。

〈**占考**〉

◉**事業運：**處於多數人之間的爭戰中，希望得到和平。也有一人與衆人對立爭奪之意，得不到平安、喜悅。競爭心、對抗意識非常强，一步也不肯退讓。仔細反省，與他人協調很重要，由於孤立無人緣，給人陰沈、憂鬱的印象。也有被推爲集團首腦之意。

◉**人際關係：**社會、家庭方面均爲多事之秋，爭戰不絕。愛情、友情由於缺乏妥協的精神，所以可能決裂、對立，有發展爲傷害事故的危險性。談判、交涉、買賣、親事一定要妥協、和平解決。一切事情爲凶占。

◉**健康運：**流行性消化器官疾病、必須動手術的潰瘍、癌等，多爲病情激烈者，併有虛脫、脫水症狀，必須謹慎挑選良醫。

◉**其他：**物價、股價滑落。比賽依爻位定勝負。離家之人多爲爭執而出走，一段時間後會回來，小心落水。失物被盜難找回。天候雲雨。

〈爻位〉

初六：爲了戰爭而出兵，以命令系統爲中心的規律最重要，缺乏規律的烏合之衆必定敗北。

九二：兼備智仁勇的剛强中正指揮官，受衆人推舉，屢次立大功，保社會國家安泰。

六三：不中不正、缺乏才能、沒有信望。這種人被選爲指揮官，則戰爭必敗，不但自己戰死，還會帶來不計其數的凶禍。

六四：居正位，自覺自己能力的界限，絕不會進行無謀之戰使全軍覆沒。懂得戰爭之道。

六五：具柔順中正之德，由於自己的國家受侵略，爲了討伐對方，於是選擇如九二般優秀的指揮官，爲正義而戰。不選無能之人。

上六：戰爭結束後論功行賞，對於功績大的無德小人，可予賞金，不給地位。

地山謙

平凡的生活，希望累積不醒目的努力

謙，亨。
君子有終。

象意・**謙遜**

上六 — — △小吉
六五 — — △小吉
六四 — — △小吉
九三 ——— ○吉
六二 — — △小吉
初六 — — △小吉

應該高聳的山位於地下。具有上卦坤的柔順平和、下卦艮的篤實之德，知道適可而止、謙虛爲懷，因此一切通達，而這種謙遜之德也只有君子才做得到。天道運行自有其軌道，日正當中必定西傾、月圓後必定月缺、高山崩垮後埋於谷底、滿足鬼神帶來禍患。大自然會爲謙遜者帶來福氣，不論身分高低，謙虛就是美德。

〈占考〉

◉**事業運：**一般而言無大野心，滿足於現在安定的小幸福，消極平凡地過著樸質的生活。上班族一點一滴地累積平日的努力很重要，才能不是一日造成的，只有不斷累積實力，等時機成熟時，才能將知識、技術發揮出來。新事業、新計畫尚未成熟。

◉**人際關係：**不多管閒事、不多說話，凡事謹慎有節，隱藏自己的才能讓對方表現，貫徹謙讓的美德得吉幸。談判、交涉、買賣、親事等不宜動，對方此時也消極，應謙遜等待。

◉**健康運：**全身倦怠感、憂鬱症、中風、食道、胃腸等腫瘤、跌打損傷、惡性性病、子宮癌、食物中毒、消化不良等等。病情拖久了病勢也緩慢，多半無法根治。重症者危險，多半比眼見嚴重。

◉**其他：**物價、股價低檔持平。比賽以耐力取勝。離家之人藏在附近無事。親事小心男性輕浮。天候小雨。交涉、談判、交易妥協吉。

〈爻位〉

初六：陰爻在最下位，謙虛之上還是謙虛之德，忍耐過後可望成功。

六二：具備柔順中正之德，努力做個剛强有才德的謙遜賢人，後得大吉。

九三：勤勉勞苦的結果，得到大功績，但謙遜地甘於現在的地位，一點也不誇示功績，成全讓人心服口服的謙遜之道。

六四：位正居尊位，一舉一動均發揮謙遜之德，所以萬事順利。

六五：具柔順中正之德，樹立大功不誇示，謙遜地尊敬九三的賢人，所以讓衆人及六五首長心服，但也有尊九三賢人爲首長者。

上六：向具有謙遜美德的九三賢人學習，其情自然流露於外，藉著謙遜之德帶兵鎮壓內部之亂。

坤為地

凡事努力。服務、輔佐結果良好。

坤，元亨。利牝馬之貞。
君子有攸往，
先迷後得，主利，
西南得朋、東北喪朋。
安貞吉。

象意・牝馬

上六	▅▅　▅▅	×大凶
六五	▅▅　▅▅	◎大吉
六四	▅▅　▅▅	▲小凶
六三	▅▅　▅▅	△小吉
六二	▅▅　▅▅	◎大吉
初六	▅▅　▅▅	●凶

坤是純粹被動的柔順，接受乾（天）之氣，完全實行乾天的作用。此「無爲自然」正是坤的卦德產生的偉大，如果主張自我則遭禍。

相對於乾的龍，坤的卦德以柔順溫和的動物牝馬來說明。得此卦時，自己擔任領導者必定迷惘，服從他人領導得吉。

〈**占考**〉

◉**事業運：**凡事居於被動立場，謹守自己的分寸，安於目前工作環境、孜孜不倦地努力。著手新事業、追求本業以外的利益，當然會導致失敗。雖然服務辛苦多，但義工服務、農夫、勞役社會的工作均吉。妻子服務家庭的工作也良好。

◉**人際關係：**終日爲家人、朋友、他人服務，沒空暇做自己的事，因此在喪失主體性的環境中生活，找不到前途目標與希望，埋沒於日常平凡生活中，沒有成就感，也找不到知心傾訴對象，整個生活缺乏彈性，恐怕會愈來愈無力。

◉**健康運：**消化器官、元氣虛損。神經衰弱、消化器官惡性傳染病等。重症者有危篤歸土之意，輕微者休養即可治癒。

◉**其他：**物價、股價呈低迷狀態。比賽輸。談判、交涉、交易、親事等須賴他人決定，自己猶豫不決，但勉强則不利。離家之人在附近友人處或回家鄉。失物不復返。天候雲。

〈爻位〉

初六：陰氣初如霜般微弱，但愈來愈嚴重，最後像冰一樣硬。惡事有前兆時要及早處置。

六二：柔順中正、實現坤之德的理想，完全接受乾的卦德，一切真實地反映、向四方擴大，所有均無爲自然地達成。

六三：有時成就大事、締造功績，但會遭周圍人的嫉妒，所以自己不要居功，將功績讓予長官。

六四：接近5爻，所以被周圍人嫉妒，最好隱藏自己的才能，假裝無能即可無事。

六五：具備柔順中正的坤德，居最高首長地位，一切均委託部下，實行無爲而治，得大吉。

上六：陰氣增長成冰，陰氣至極即成陽姿，違背首長、挑戰不義，兩敗俱傷。

利用 3 枚硬幣占卜

現在教各位不論何時何地均可簡單進行易占的硬幣占卜法。不用骰子，只要3枚硬幣、一張小台面，即可在遊行的車程中進行易占。硬幣占卜與骰子占卜的結果導出法稍有不同，請各位仔細閱讀後試一試。

首先準備3枚相同硬幣。

雙手將硬幣在手中抖動後擲於台上。

3枚硬幣中的表1枚、裡2枚時，取少的一方表，即陽（━）。裡1枚、表2枚時，取少的一方裡，即陰（╍）。

表3枚時爲陽，但這是轉爲陰的陽。裡3枚時，也是後來轉爲陽的陰。反覆6次即成卦。

以占卜明天天氣爲例，硬幣出現順序表1、裡1、表3、裡3、表1、表1。

其易象如下：

最初得到的是風火家人。如下圖所示，表3與裡3的3爻及4爻一轉而成天雷無妄。這可視爲是占卜事物的前半與後半，而且硬幣占卜没有爻位，完全以整個卦來看事象。

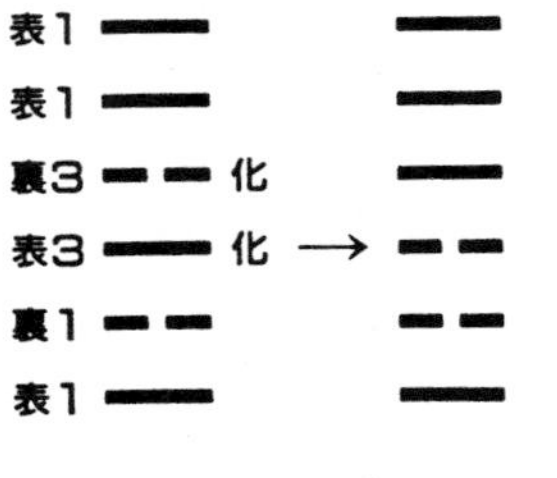

（風火家人）　（天雷無妄）

從這個例子看來，風水家人可視爲明亮的太陽，因此是晴朗好天氣。再從天雷無妄的無爲自然象觀之，天氣激烈變化，如果是冬季，則爲寒流來襲。

第三章　八卦·易占的構成

八卦的看法

以下以具體例子説明八卦。但説卦傳的製作時代與現代背景迥然不同，所以當然應該配合現代社會生活狀況，重新詮釋事物、事象。本書盡可能廣範圍舉例，但這並非包含全部，各位請依事例發揮想像力，積極將八卦適用於身邊事物、事象，並試著將存在之事物、事象還原於八卦。『易經』本文的六十四卦，是以這八卦上下重疊，亦即六十四卦是以八卦爲基本。若不了解八卦，則無法明白六十四卦，更別談正確占卜了。

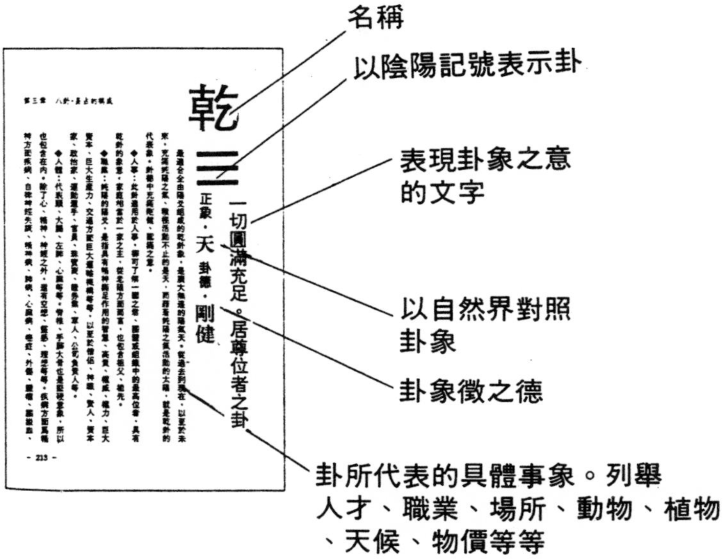

乾 ☰

一切圓滿充足。居尊位者之卦

正象·天　卦德·剛健

最適合全由陽爻組成的乾卦象，是廣大無邊的陽氣天。從過去到現在，以至於未來，充滿純陽之氣、積極活動不止的是天，而藉著純陽之氣活動的太陽，就是乾卦的代表象。卦德中充滿剛健、圓滿之意。

◆**人事**：此卦適用於人事，卻可了解一國之君、團體或組織中的最高位者，具有乾卦的象意。家庭相當於一家之主，從老陽方面而言，也包含祖父、祖先。

◆**職業**：純陽的陽爻，是指具有精神滿足作用的智慧、高貴、權威、權力、巨大資本、巨大生產力、交通方面巨大運輸機構等等，以至於僧侶、神職、賢人、資本家、政治家、運動選手、官員、珠寶商、證券業、軍人、公司負責人等。

◆**人體**：代表頭、大腸、左肺、心臟等等。脊椎、手腳大骨也是堅硬意象，所以也包含在內。除了心、精神、神經之外，還有空想、靈感、理想等等。疾病方面爲精神方面疾病、自律神經失調、精神病、肺病、心臟病、癌症、外傷、腫瘤、腦溢血、腦阻塞、便秘、高燒、高血壓等等。

◆**場所**：乾卦所代表的場所是首都、大都市繁華街道、運動競技場、名勝古蹟、神社佛閣等神靈居住聖地。政府機關、高樓大廈、無人煙的荒野、沙漠、大澤、古戰場等等。

◆**動物**：相當於百獸之王獅或虎、鷲或鷹之類猛禽、被稱爲靈獸的龍、大蛇、鳳凰、天馬等空想動物、對古代人而言貴重的動物馬等等。

◆**植物**：貴重藥草、一般在秋季被堅硬結實外殼保護的果實樹木，或堅固且形狀整齊之松、杉、檜等。

◆**雜物**：鑽石等寶石類、手錶。交通機關、槍砲等武器或自動機械、電腦系統。巨大工廠（自動化）。流通貨幣。鏡、鐵、金。

◆**食物**：乾果類或樹木的果實、米。豆類。

◆**天候**：晴天、夏有雷雨、冬季酷寒或有大雪。季節爲十月、十一月。

◆**物價**、**股價**：高漲。

坤 ☷

母體大地之卦。具持續力的勞動者

正象・地　**卦德・柔順**

相對於乾爲天，則坤爲大地；相對於乾爲精神、心，則坤爲肉體之意。接受了天所賦予的四季之氣，在地上可成萬物，爲「大地之母」。

卦德是柔順，擴展至靜、厚、柔和、樸素、儉約、謙虛、勞動、無力、愚鈍、怠惰、散亂之意。

◆**人事**：相當於母親、妻子。由老陰的涵義，是指老婦。又具有廣大之意，所以也代表一般大衆，或與乾的首長有關的從業員。從輔佐的觀點出發，爲秘書、庶務等雜役者。

另外與大地有關的農民、土木工程、農村、田舍等相關地方公務員，以及服務社會、公共事物也爲坤之象。還包含古骨商人、不動產業者。

◆**職業**：坤象斷絕、缺乏統一性、無一貫目的，所以以毫無計畫性、怠惰、安逸、物慾等生命價值觀爲優先。

對於高度精神、文化價值關心程度薄、缺乏決斷力、迷惑多、苦勞不絕的反面，卻可有耐心地持續基層工作，所以不論何種職業，晚年安定。

◆**人體**：相當於人體的胃腸、脾臟等消化器官之意。疾病也指胃腸系統毛病，多爲沒力氣的慢性病。血行不順引起的疾病、肥胖引起的成人病、糖尿病、健忘症、過度疲勞、皮膚病、下痢、便秘、老化。

◆**場所**：原野、農田、農村、故鄉、基地。老家、空地、開墾地等等。

◆**動物**：牛、羊、山羊、牝馬、蟻。

◆**植物**：蕨、菌類、芋類、麵粉。

◆**雜物**：棉被、榻榻米、瓷器、袋、織物、桌子、手提袋、綿。四角形物品。

◆**食物**：小麥、羊肉、豬肉、甜味食品、砂糖、魚板、魚肉山芋丸子。

◆**天候**：雲。霧、霞、靄等妨礙視線的天氣。季節是7月、8月。

◆**物價、股價**：低迷。

震 ☳

表示萬物萌芽。時代的變遷

正象・雷　卦德・奮動

當「坤」的陰到達終點，就會恢復一陽之象。此卦1陽被2陰所壓抑，爲了突破强勢的陰氣而躍進即爲「震」。正象是在漫長冬季期間，隱藏在陰氣下的陽氣，待春雷第一聲響即奮起與春雷產生共鳴。卦德是奮動、卦意是決斷，亦即奮發圖强，積極設定目標、價值，有計畫地實施之貌。反之，也有地震、閃電等驚人事件發生之意，交通事故、與他人意見衝突、爭吵等。

◆**人事：**從人事而言，在坤的陰中，開始的1陽在下位產生，所以是長男象。再從春象看，代表活潑有朝氣的青年。整體而言，只有吵雜的聲音，沒有實績，有聲無形的雷象意是特徵。談判、爭議、演講、電信電話、宣傳、音樂、爆發、飛機、汽車等，速度快的動物（馬）等。廣播也是震卦之象，或許也可以說與詐欺、謊言等無實質內容的生意有關。

◆**職業：**震是不論從事什麼工作，都具有振奮心、快速決斷實行、短期坐收成果之意，所以也可能因性急、輕舉妄動而失敗。從萬物萌芽的意思來看，爲事業創始者、發明、發現等獨創性能充分發揮，走在時代的尖端，開創自己的命運。適合職業爲學問研究、音樂、廣播、宣傳、教育、宗教、藝術、運動等。

◆**人體**：包括跨出第一步的左腳、發出聲音的喉嚨、肝臟、神經系統的機能等，所以疾病也從這些部位發生。此外也可想成觸電事故、交通事故、歇斯底里等突發性事件。哮喘、肌肉痛、外傷。

◆**動物**：像馬一般速度快的動物。金絲雀般婉約的小鳥、昆蟲等等。

◆**植物**：竹、蘆葦等根强、春天快速生長之物。一般爲根深的大樹、橘、檸檬。

◆**雜物**：樂器類、爆發物、電器用品、電腦、文字處理機。

◆**食物**：壽司、漬物、青菜、海藻類、筍。

◆**天候**：晴。夏雷。季節是3月、4月。

◆**物價**、**股價**：從低檔翻升。

巽 ☴

細心過失少。適合職業多的卦

正象・風　卦德・伏入

老陰的1陰爻變爲陽即☳（震），而老陽的1陽變爲陰，即1陰伏於2陽之下，爲消極下降、退向後方之象意，代表進退之意。

這是風吹來又吹去，所以巽卦的正象是風。風不論多麼狹窄的空間均可穿過的卦德是伏入，所以卦的意義是進退不得、不決斷、迷惘、疑惑。

進一步觀之，風將花粉、種子帶至遠方，吹落附著於樹木上的蟲、病原菌，因此可解釋爲遠方、評判、世間、信用、刷新、人的進出激烈，亦即生意興隆。

◆**人事**：2陽爻下生出初陰爻，所以代表長女。柔順地協助母親、細心地料理家事沒有過失，所以博得世間好評，遠方託媒人說親之意。反之，由於進退難抉擇、疑惑多，所以使婚期拖長。

◆**職業**：各種商業、貿易商、販售業、仲介業、旅行業、保險業等服務業、運送業、木材商、纖維關係之流行品等具成功運。

◆**人體**：大腸、食道、動脈、靜脈等細長器官之外，也有肝臟、膽、神經系統、大腿之象意。疾病除了這些器官之外，還有感冒、中風等氣鬱症、寄生蟲病等等，一進一退治療耗費時間。

◆**動物**：長形，除蛇類之外，也包含鳥、魚、隱藏在草中的小動物。

◆**植物**：香味濃的花、蔬菜。葉子多、根不強、容易被風吹倒的灌木類、竹、柑橘類。

◆**雜物**：電風扇、建具、木材、線、繩、信、香燭、飛機、船。

◆**食物**：醋物、蔥、蒜等有腥味的菜。

◆**天候**：有風、雲後雨。季節是4月、5月。

◆**物價**、**股價**：上下震盪低迷。

坎 ☵

波瀾多，但能貫徹初志的卦

正象·水　卦德·坎險

1陽之水夾於地上2陰之間、陷於2陰之間的樣子，此即水的正象。卦德是陽爻，但卻若於陷入2陰的坎穴中，所以是坎險。從山上流下來的水匯集成河注入海，經過各種曲折蜿蜒之途，終必到達目的地。人也一樣，肉體受疾病、慾望之妨礙，但只要堅定意志，即可戰勝誘惑及苦難，達成預期的目的。

此卦意從水掘地洞而言，可解釋爲伏藏、沈溺、奸計、落穴、秘密、聯絡、法律、色情、策謀等意。

◆**人事**：相對於震之長男，從下算起第2爻是陽爻，即次男或中年男子之意。

◆**職業**：法官、律師、警察等與法律有關的事。各種設計技師、秘書、參謀、幕後工作者、偵探、會計師、稅務人員、學者等知性業務、書法家、雕刻家、染料業、洗衣業、漁業、溫泉旅館、飲料店、酒吧、水產店等一切與水有關的事。

不論哪一種職業，經營多勞苦，成功之前波折多，必須忍耐貫徹意志與智慧。逃亡者、犯罪者、病人、貧苦者、流浪者、死人。

◆**人體：**腎臟、膀胱、尿道等排泄器官、血液、血管動靜脈、肛門、耳、鼻等穴部、男性性器、子宮、卵巢、脊椎等等。疾病除了這些部位、器官之外，也具有毒意，所以食物中毒、藥物中毒引起的疾病、性病、結核菌等細菌疾病、惡性感染性疾病、感冒、糖尿病、精神病、癌症、遺傳性疾病、流產、死產、因受寒引起的各種疾病等等，均爲坎象。

◆**動物：**住在洞穴中，具有智慧的狐、狸、鼠等等。水棲動物、魚類。

◆**植物：**薊、薔薇、柊、梅、枳、寒椿、水仙等冬季開花植物。水草、海草類。

◆**雜物：**月、水晶。針、筆。墨水、打字機、印刷機。毒藥。

◆**食物：**酒、鹽、漬物、飲料、水、牛奶。生魚、豆腐。脂肪類。

◆**天候：**雨。季節是12月、1月。

◆**物價**、**股價：**跌落至谷底。

離 ☲

帶有火，為明智與美麗之卦

正象·火　**卦德·明智、美麗**

此卦外陽內陰，亦即火之象，中間的1陰就是火心。火藉著可燃物而燃燒，如果沒有可燃物，則火本身即消失、無實體。外面的2陽爻是藉火而明之物的美麗姿態，中央的1陰是沒有燃燒的黑暗部分。

照明一切物體的火之德是明智或文明，卦的意義是美麗或附著與別離。火藉著可燃物而不斷燃燒，巨大的能源就像數十億年來仍閃閃發光的太陽一樣，所以天上光耀的日輪，可說是火美麗與明智的代表。

◆**人事**：被陽爻包圍的倒數第2位陰爻表示次女，象徵有智慧的美女，亦爲中年女性之意。

◆**職業**：政治家、文藝人士、學者、教師、藝術家、醫生、鑑定家、測量技師、設計者、法官、警察、消防員、軍人、美容師、服裝設計師、室內設計師、演員、化妝品業、裝璜業、服飾業、文具業、寶石商、出版業、秘書、證書、印鑑、契約、證券業等。也包含眼鏡、照相機、電視業等等。

◆**人體**：眼是離之象，心臟有火的象意，小腸也是熱源。顏面、頭腦也可視爲明智部位，與耳同爲離之象。也代表女性性器、乳房。

疾病多與上述部位有關，傳染性疾病病情不穩，危險多。精神錯亂、失眠、火傷、高血壓等與人命中樞有關係。

◆**動物**：孔雀、野雞、鸚鵡等美麗動物，或外側堅硬的龜、貝類。

◆**植物**：所有花朵。藥草。開花的樹木。

◆**雜物**：信、印章、證書、請託書、照片。槍。藥。煙。

◆**食物**：海帶、馬肉、蝦米、甲魚。

◆**天候**：晴，夏酷暑。季節是6月、7月。

◆**物價**、**股價**：上升。

艮 ☶

穩重的山。相繼者之卦

正象・山　卦德・靜止、高尚

1陽爻登於2陰爻之上，靜止在那兒，山就是艮之象。艮卦之形中，不論山的感覺多麼沉穩，它都是靜止不動的，所以此卦具有高尚、篤實、頑固、阻止、拒絕、停留之意。

◆**人事：**1陽最後於衆陰之上，所以是少男（3男），穩重地處於家中，可視爲相繼者。另外還代表節儉蓄財的人、不停創新的人、轉角、有變化的人、進退未定正在思考方針的人、篤實頑固的人、保守的人、直爽的人、高尚的人。

◆**職業：**旅館、旅館經營者、土地、不動產買賣仲介者、僧侶、神職、停車場、車站管理人、租屋、倉庫業、大樓管理、土木建築業、山林看守人、倉庫看守人、警察局看守或囚犯等等。

◆**人體：**沉著部位之肩、背、腰、連接處之手腳關節、臉部高處之鼻、脾、胃、肝等消化器官及皮膚或男性性器等等。疾病也多由這些器官產生。其他骨折、跌打損傷、腫瘤、濕疹、全身僵硬、半身不遂、麻痺等疾病、厭食、血行不順、動靜脈瘤、癌性疾病、白血病等久病成衰的狀況也多。

◆**動物**：沉穩的牡牛、犀牛、象、犬、鹿等，肩或背、嘴强的猛禽鳥類鷲或鷹。昆蟲類。

◆**植物**：馬鈴薯、蕃薯、山芋之外，還有百合、桃、有節的筍類等等。

◆**雜物**：堆積物、定期存款、重箱子。小路。坐墊、西裝背心。

◆**食物**：牛肉、肉丸子、高級小點心。貯藏食品。

◆**天候**：雲高。季節爲1月、2月。

◆**物價**、**股價**：高檔持平。

兌 ☱

快樂微笑卦。也代表中途挫折

正象‧澤　**卦德‧愉悅**

此卦是坎（☵）之流水下位的陰爻成爲陽爻，也就是流水停止成澤之狀態。上面的1陰是澤的表面，爲缺土部分，下面的2陽爻可視爲水，正象爲澤。引澤之水使生活便利，所以帶來喜悅，澤的中央或周邊有草木、鳥獸、魚蟲等繁殖和悅，因此卦德是愉悅，卦之意爲和。

此卦2陽之上有1陰（少女），爲開口笑的愉快象。再者，乾（☰）的上爻缺少成陰爻，爲毀損、中途挫折之象意，代表削減乾的剛金、與銳利刃物之意合併，即爲受傷、故障之意。

可想像爲因遊樂、飲食產生傷害或金錢糾紛事件。

◆**人事：**陽爻之上有1陰的愉快微笑貌，以及陽爻中最後生1陰來看，這是代表少女（3女）。

◆**職業：**各種服務業的年輕女性，也有藝伎、侍女、妾之意。口譯員、金融保險業、娛樂、休閒業、酒吧、各種技術、技藝店、講習、演說、律師、會計師、牙科醫師、主席、遊興娛樂關係的業務、新興宗教家等等。雖然均有聰明的頭腦，但若恃才而驕、缺乏思慮、輕易承諾，就會喪失信用，爲人做保可能被拖累，凡事有中途受挫的危險。平時有節制的生活最重要。

◆**人體：**口腔、女性性器等是兌之象，所以疾病也多發生於這些部位。除此之外，神經衰弱、血行不順、宿便不通、食慾不振、受傷、肺結核等等。

◆**動物：**小寵物貓、狗之外，也包含鸚鵡、九官鳥等會模仿人類語言的動物，以及羊、猿、虎等等。

◆**植物：**秋天的七葉草、藥草等、秋天收穫的甜味水果。生薑。

◆**雜物：**鍋。破損的東西、修理過的東西、樂器、鈴、玩具。

◆**食物：**雞肉、咖啡、紅茶、啤酒。小孩糖果。

◆**天候：**秋晴、夏雨。季節爲九月、十月。

◆**物價**、**股價：**低值行情平穩。

第四章　助·易的基礎知識

◆何謂易

一般人一聽到易，就直接認爲是一種占卜，以占卜解釋易並不完全正確。易以陰陽符號組合來表現。符號可用筮竹、算木表示，也就是易者使用的道具。以六種陰陽符號組合成的稱爲卦（大成卦），這可代表一種意思。卦有六十四種類，每一卦有卦辭，是解釋卦的基本言詞。

另外，卦決定後，各陰陽符號所代表的細微意思也決定了。這種在卦中表現的符號，一種符號即稱爲1爻，每爻有爻辭。

卦辭及爻辭是二種經文，經文被收錄在『易經』這本書的本文中。『易經』是有關於易的文獻中，最重要的經典，大約完成於三千年前的周代（西元前一一〇〇年～西元前七七〇年），正確名稱爲『周易』。內容分爲本文的「經」與解說的「傳」。

前者收錄的卦辭及爻辭，是採用古代中國盛行的占卜言詞（正式稱爲「占筮之辭」）。此卦辭、爻辭相當於占筮，爲基本原理、公式。占者利用此公式自由發揮想像力類推、占斷。本書的學習中心事實上是卦辭與爻辭的解說，相當於占筮活用法。

另一方面，「經」的解說「傳」也稱爲「十翼」，由十篇論文組成。十翼是對卦辭、爻辭的註解、補足，以哲學思想解說易整體含義及帶給世人的啓示。

孔子之著流傳下來有彖傳上·下、象傳上·下、繫辭傳上·下、說卦傳、文言傳、序卦傳、雜卦傳等十篇。十翼的「翼」是指鳥的翅膀支撐全身於空中，因此「十翼」也就是支撐輔助『易經』本文之意。

後來，彖傳及象傳衍生爲解釋卦辭與爻辭之物，繫辭傳則是解說易本身雄大無比哲學思想的周易理論。

說卦傳是以具體事物、事象說明八卦（小成卦。卦的基本。由三個符號組成）的象意，記載凡例包羅萬象，文言傳是六十四卦當中，特別解說代表陰陽的乾卦與坤卦。序卦傳是以經文配列的六十四卦順序，說明其意義與正當性。另外，雜卦傳是簡單解說六十四卦各個卦名的真正含義。

◆易的起源

易八卦的最初創始人，根據繫辭傳的說法，是中國最古傳說的三大聖人之一，亦即被稱爲人面蛇身的大昊伏羲氏（生歿不詳）。大昊伏羲氏是五千年前的聖天子仰觀天體運行、伏視大地之形成，觀察推理森羅萬象，並將捕捉到的象徵表現於八卦上。八卦上下重疊即成六十四卦。

據說其解釋卦辭是西元前12世紀的周文王、爻辭是文王之子周公旦，而解說十翼是孔子所創。但從考證學而言，並無此確實證據，被當成是儒教聖典，居四書五經筆頭地位的『易經』，被後世認爲是三大聖人合作而成。姑且不論『易經』是不是這三位聖人通力合作而成，但至少易的內容是古代中國人智慧的結晶，已經超越單純的占卜之範圍，對人類而言，那代表不滅的真理。

談到起源，就不能不解說「易」這個字的由來。易的來源有以下三說：

(1)「**日月說**」

易爲陰陽。陰代表是「月」、陽代表是「日」，上下合起來就成「易」字。常識雖可說明易字的來源，但在學問上似乎不成立。

(2)「**蜥蜴說**」

易辭是「蜥蜴」的象形文字，因爲蜥蜴一天變色十二次，與訴說生成變化的易本質完全吻合。易的創始者伏羲氏，也被稱爲雨神龍，是養蜥蜴而造成雷雨的呪術者。

由於「蜥蜴學」者認爲這是「易」教人通權達變之道，故取名於「蜥蜴」的原因就在此。一般認爲，這是解釋「易」最恰當的說法。

(3)「**禁止命令說**」

易被視爲是日與勿的合併文字，最初古人在出外狩獵、耕作前，事先都要預卜天氣好壞與否，甚至還要占卜軍事上的吉凶；因此，部落首長便會依占卜結果發出各種禁止命令，當「勿」的標幟掛出，那天就不可外出。但從字義解說而言，似乎不正確。

以上從各種角度解說易字的本質，但並非「就是如此」，「易」的本質既然是融通無礙，則其應用當是靈活自如。這是學習「易經」者不可不了解的。

◆易的本質

自古以來，易的註解者們簡潔地以易有三義（鄭玄一二七年～二〇〇年）、五義（毛奇齡一六二二年～一七一六年）來捕捉易的本質。例如鄭玄說：「易一言以蔽之包含三義。易簡、變易與不易。」

天地間一切事物、事象，即使是一瞬間也非同一，而是經常生成、變化、流轉。這種談論萬物流轉實相的易，就稱爲變易。

但另一方面，在這種變化流轉中，也有不變之象，例如晝夜交替、四季變轉、日月星辰運行，薔薇就是薔薇，櫻花就是櫻花的不變本質。

如果承認萬物中這種不變的本質，則在易的各種變化流轉事物、事象中，發現不變本質的即稱爲「不易」。

在變化流轉中的不變之象，是遵循易知易從的簡單明瞭法則，亦即陰陽法則，易就是從這裡衍生出八卦與六十四卦，所以易是「易簡」。

◆陰陽、四象、八卦的成立

本書一開始已經叙述，易由六十四種卦代表，卦由陰陽符號組合而成。正確說法是，易是將宇宙間一切事物或事象無間斷變化的狀態（變易），以卦的形式分爲六十四種，而每一種形態以陰陽記號說明。

那麼，易是如何構成、成立的呢？繫辭傳中有言：「書不盡言，言不盡意，然則聖人之意，其不可見乎？聖人立像以盡意，設卦以盡情僞，繫辭焉以盡其言，變而通之以盡利，鼓之舞之以盡神。」意思是著書立說，闡發不盡所欲言，語言也未必能曲盡人意，那麼聖人立言垂教的精意，難道就晦而不顯了嗎？聖人畫卦立象，以盡文字語言所難曲盡之意。

設卦爻奇偶交錯，象徵有正必有反，有真必有僞，以畢盡人情事態。卦象既備，更繫以文辭，以闡發涵義，言之盡致。推陰陽之變，通於事物之理，以盡天下之利。啓發鼓舞天下之人，使趨善就吉，以盡其神而明之的運用。

繫辭傳又說：「是故易有太極，是生兩儀，兩儀生四象，四象生八卦。八卦定吉凶，吉凶生大業。」此辭包含易之基本八卦成立含義，以下逐一說明，請對照（陰陽，四象，八卦）圖。

先談「兩儀」。兩儀是指陰陽，亦即男性與女性、正（＋）與負（－）。陽指的是積極、剛强之物、陰指的是消極、柔弱的象徵。更進而可捕捉到表裡、晝夜、夏冬、太陽與月亮、天地、充實與空虛、動與靜、勝利與敗北、進與退等一切事物事象的陰陽關係。

易用算木表示陰陽，「⚊」爲陽、「⚋」爲陰。陰陽不分的太極以「○」表現。

陰陽根源的太極，亦即易的本體，既非陽也非陰，既非有也非無的陰陽不分狀態。可視爲宇宙生成活動的原點，一次活動時必生陰陽兩儀，這就是「是生兩儀」。太極是陰陽表裡一體，並非二種不同象。這種一方爲陽，則他方必定爲陰的關係，從電極的「＋」與「－」開始，是被公認天地森羅萬象的存在。陰陽關係是相對流動，一方爲陽，則他方爲陰。

例如父親是一家之主，爲陽，但在公司內是小職員，與老闆的關係即處於陰位。從男性與女性關係看陰陽也是一樣，從與其他男性的關係來看是女性，但同樣是女性，則又出現男性化的女性，這種陰陽關係流動一目瞭然。

不僅男女、親子、友人等人際關係，關於剛柔、勝敗、進退、寒暑等人事或自然各種現象，也有「塞翁失馬焉知非福」、「吃虧就是占便宜」的說法。吉轉凶、凶又變吉，陰陽、剛柔、表裡、吉凶、禍福關係互相反轉、補足，從這層意義來思考，陽就是陽中含陰、陰就是陰中含陽。

單純陰陽對立關係並無法完全表現，因此便加入陽中帶陰、陰中帶陽的關係，以求表現更具體現實的關係，這就是使用每二個陰陽符號而成的老陽⚌、小陰⚎、小陽⚍、老陰⚏。藉此不但可以區分男性中的男性、女性中的男性、男性中的女性、女性中的女性，也可以設定春夏秋冬季節、安置東西南北方位，使事物、事象更具體地把握住。

而要表現東西南北、春夏秋冬、男性中的男性、女性中的男性、男性中的女性、女性中的男性等四象關係，只要在陰陽算木中再加一根，就是三根即可完全表現。

從方位別而言，加入東北、東南、西南、西北。而春夏秋冬各季節中，也可加入移行期間的中間季候帶。如此八卦即成，其他一切事象、事物也幾乎可以完全具體地把握。此即「四象生八卦」之意。

陰陽原理也稱爲「天地人三才」，藉著這三根算木組合表現無遺，亦即「八卦定

[陰陽、四象、八卦]

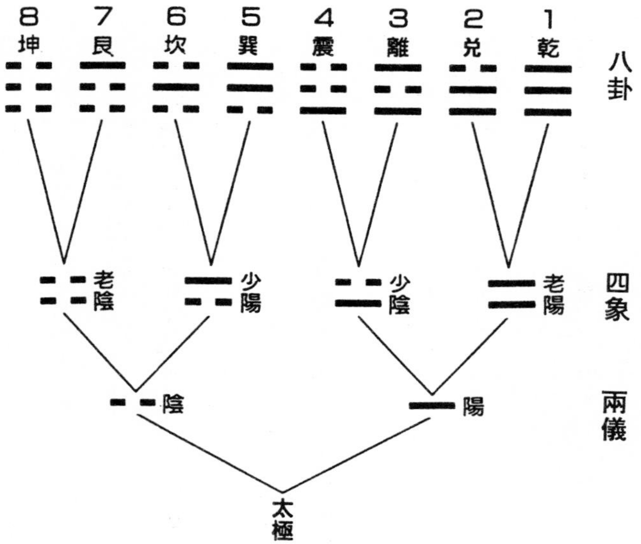

吉凶，吉凶生大業」。

八卦成立圖表現如下：1個卦出現時，其他7個卦也以隱性方式表現。八卦之間的關係不是固定不動的孤立、單獨物，而是在與其他諸卦轉換中，捕捉其流動性，這種情形在陰陽或四象、現實事物事象的場合也一樣。易的占術純熟的第一步，就是能將一切事物、事象還原於八卦，利用自由想像，擴大推理解釋。

前面叙述過，易是聖人觀察天地自然之表現，毫無遺漏地包括天地之道，並以八卦形爲象徵記號。只要充分理解八卦所象徵的意義，即可清楚天地萬物的狀態，以及其變化的樣子，甚至得知鬼神情狀。

這些八卦具體解說已在第三章敘述完畢。

最後，爲了表示八卦與時間推移成一體空間的三次元世界，宋的邵雍（一〇一一年～一〇七七年）以後便採用如圖所示的先天圖方位與時間、後天圖方位與時間。先天圖方位是以後天圖方位爲基礎。以後天圖方位爲中心。看圖時與普通地圖看法不同，注意是東西南北正相反位置，南上北下。

◆大成六十四卦與基礎用語

這是依陰陽原理與天地人三才觀結合而成立，在八卦中已經解說過了。接下來以八卦上下組合成的六十四卦，以易的基礎用語解說其基本構造。

〈小成卦與大成卦〉

八卦稱爲「小成（八）卦」，而以上下八卦六根算木組成的六十四種卦稱爲「大成卦」。

六十四卦的原理，是藉著由二個三次元世界（八卦）占斷人類主體行爲（時間）

【先天圖方位】

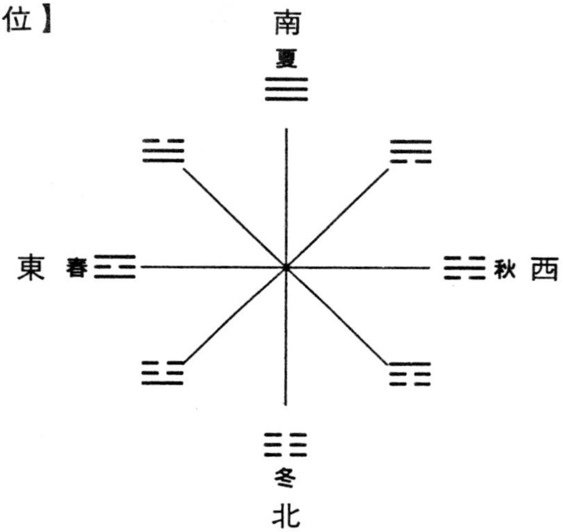
南
夏
東
春
秋
西
冬
北

【後天圖方位】

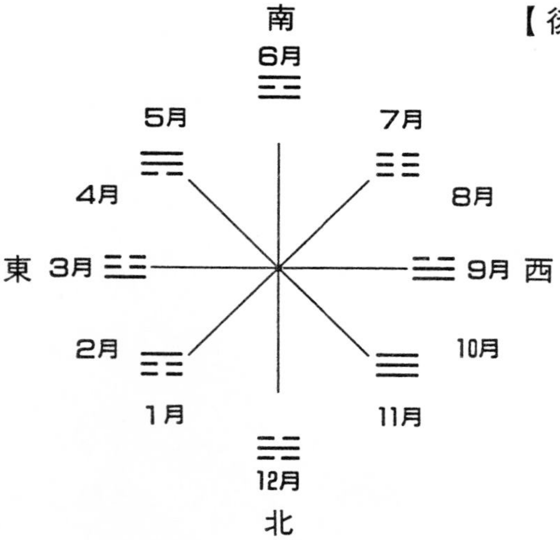
南
6月
5月
7月
4月
8月
東
3月
9月
西
2月
10月
1月
11月
12月
北

【後天圖方位與時刻、十二支】

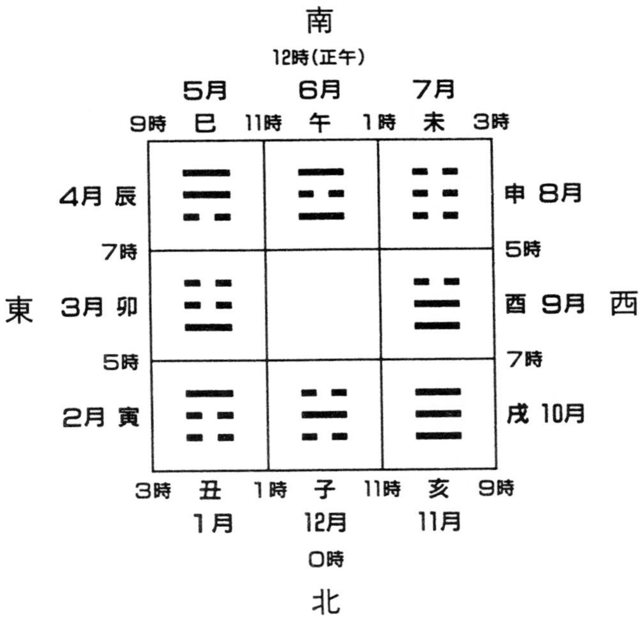

的瞬間，啓開四次元的世界。一切事物、事象均藉天地人三才巨細無遺地表現出來，成立可以預測的象徵形式，這就是六十四卦。這與各人主體占斷不可分，成爲一體化。爲了占卜，最重要的便是了解六十四卦固有意義。

六十四卦表現一切事物、事象的出現與消滅，包括一切存在於世界上的物象。繫辭傳云：「易之爲書也，廣大悉備，有天道焉，有人道焉，有地道焉。兼三才而兩之，故六，元者，非它(他)也，三才之道也。」

大成卦以小成卦上下重疊而形成，亦即由6爻成立。爻如前所述，就是卦中的各符號，表示位置時，從下開始是初爻、2爻、3爻、4爻、5爻，最上方是上爻，爻的意義依各卦而不同，六十四卦卻有三八四爻。

易的本體由卦與爻解釋構成，亦即從卦的卦辭、爻的爻辭論吉凶，再對應解說卦辭的象傳、解說爻辭的象傳。這些卦、爻均在『易經』本文中，分爲上經30卦、下經34卦揭載。

本書以卦辭的解說爲中心，關於卦、爻辭適用於占斷上，則忠於易經本文解說。

〈九與六〉

易將陽爻稱九、陰爻稱六。以六十四卦中的1，水火既濟卦爲例，初爻是初九、2爻是六二、3爻是九三、4爻是六四、5爻是九五、上爻是上六。這是因爲本筮法這個複雜的占卜法，必從9、8、7、6根筮竹導出，9代表四象的老陽、8爲小陰、7爲小陽、6爲老陰，所以取老陰（6）與老陽（9）代表陰陽。

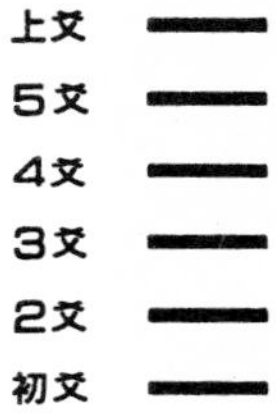

（乾爲天）

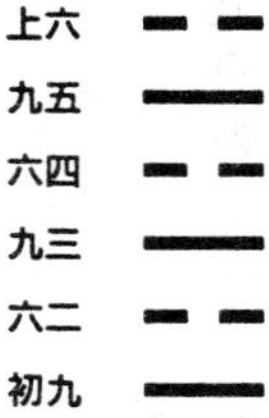

（水火既濟）

〈三才之位、陰陽之位、正·不正、貴賤之位〉

【三才位】

（乾爲天）

【陰陽位】

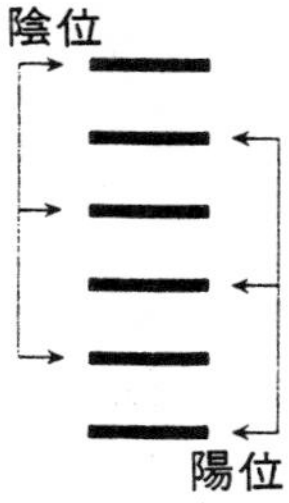

（乾爲天）

各爻位所代表的意象

房屋	顏面	人體	都會	家庭	公司	國家	
屋頂	髮額	首頭	郊外	祖父母	老闆	議會	上爻
天花板	眼	胸背	首都	父	社長	首長	5爻
門上框	耳頰	腹部	大都市	母	重要幹部	大臣	4爻
壁窗	鼻	股腰	中都市	長兄姊	部長	部長	3爻
地面	口	脛膝	小都市	次兄姊	課長	市長	2爻
地基	顎	足指	農村	么弟妹	社員	市民	初爻

6爻中三才之位、陰陽之位、貴賤之位等爻位均有其意。

三才位就是6爻當中，初爻及2爻是地位，3爻及4爻是人位，5爻及上爻是天位。

陰陽是初爻、3爻、5爻等奇數位爲陽位，2爻、4爻、上爻等偶數位是陰位。從前例水火既濟卦來看，初爻、3爻、5爻是陽位，2爻、4爻、上爻是陰位，所以各在其位代表位正。水火既濟是陰陽位中唯一定位的卦，其他六十三卦之各爻，有位正及位不正。

關於貴賤之位，6爻各有其相當之人體、顏面、屋宅、社會、國家或公司等團體構成。實際占斷可活用各爻的位置與關係。

〈內卦、外卦、互體與約象〉

大成卦6爻中的下3爻稱「下卦」或「內卦」，上3爻稱「上卦」或「外卦」。

內卦爲我、內、近，外卦爲對方、外、遠。

（乾爲天）

2爻至4爻的小成卦，稱爲「互體」，3爻至5爻的小成卦稱爲「約象」。兩者上下重疊形成的大成卦稱爲「互卦」。其中隱含推察事情，以及類推彼此對應關係。例如雷水解之卦的2爻、3爻、4爻是離的小成卦（☲），這視爲互體，可推理爲女性腹中的胎兒（是陰爻，所以爲女兒）。同樣，3爻、4爻、5爻也可作成澤的約象（☱）。

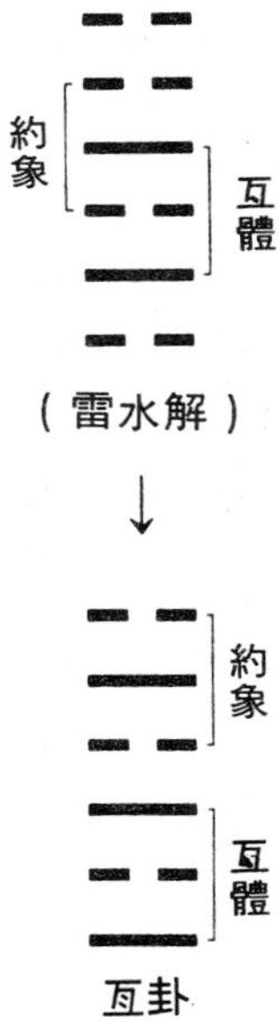

（水火既濟）

〈爻的中與不中、剛與柔、吉·凶·悔·吝·咎〉

内卦與外卦中的中爻，亦即2爻及5爻，各占其中位，所以稱得中位，占斷上吉的意思强。爻是陽爻的場合稱「剛中」、陰爻的場合稱「柔中」。尤其對照陰陽之位，5爻（陽位）是陽爻的場合稱「剛健中正」、2爻（陰爻）是陰爻的場合稱「柔順中正」，是多吉幸的占斷。即使位不正（5爻是陰爻、2爻是陽爻），也因柔中或剛中而使不正得咎少。

【中位】

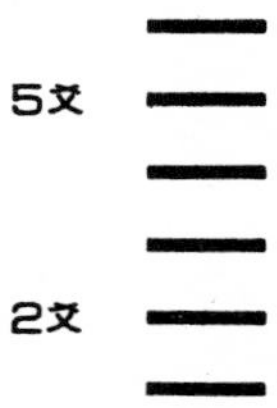

（乾爲天）

相對於此，其他諸爻的場合，即使位正也未必得吉幸。可能因凶多（3爻）、懼多（4爻）、過剛（陽位爲陽爻）、陰柔（陰位爲陰爻）而得咎。過剛是陽氣過剩，因自以爲是而突進造成失敗之象。陰柔是陰氣過剩，使機會逃離之象。

吉、凶、悔、咎、吝的判斷，是看這些爻的中或不中、正或不正。「吉」、「凶」之意很清楚，「悔」是犯錯後反省、後悔之意。因悔而往正確方向即爲

「悔」，若不認錯、辯解、僞飾時，當然就很可恥，成爲「吝」，往「凶」之途去。

「咎」是處於得咎狀態，但努力結果幸運地不得咎。

〈應、比、乘、承〉

這是與卦內的爻有關係的名稱。

應爻是內卦與外卦各爻每2爻陰陽對應關係。初爻與4爻、2爻與5爻、3爻與上爻之間陰陽對應關係稱爲應。若陰陽不相應，就無協力關係。

應最重要的是2爻與5爻相應，尤其是得中同志之應，可藉兩者協力成就大事。反之，不應的場合可解釋爲缺乏協助。

【應爻】

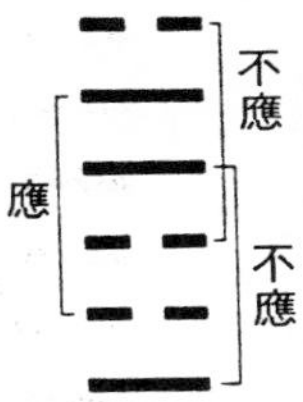

（澤雷隨）

比爻是與鄰間同志的陰陽和合關係，陰與陰、陽與陽是互不相和的關係，彷彿志不同道不合的關係。應爻的關係可得外來支援，比爻則是指狹義範圍人際關係的支援，如家人、朋友等。在決斷大事的場合，比爻不若應爻來得有力。

【比爻】

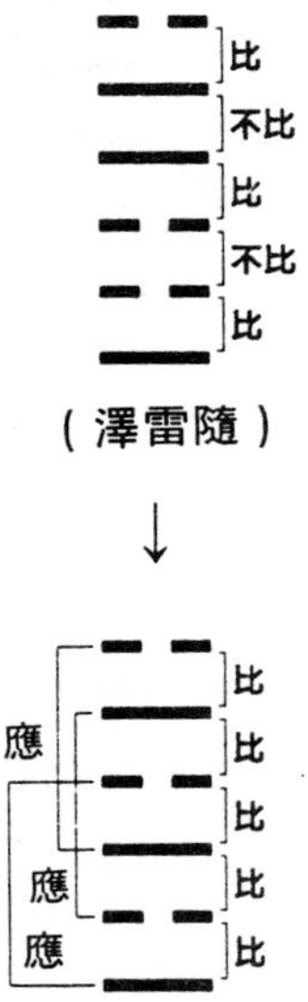

（水火既濟）
完全比爻、應爻

「乘」是陰爻越於陽爻之上的狀態，必須擔心下位者犯上的情形。「承」表示陰爻在陽爻之下，受上位陽爻支配的狀態。

5爻也稱爲「定卦主」，具有重要的地位，是每卦成立的重要爻，因此又稱爲「成卦主」。在六十四卦解說中必會提到5爻之應。

◆關於易與占的世界

在日常現實世界中，「物」或「事」的存在秩序有一定，而無數「物」或「事」又各自獨立、固守自我分際，這些緊密相互關聯性，形成日常存在的秩序。存在的秩序是以A、B各具有各的本質區別，不可以越境A成爲B或C。一切事物、事象均依此境界線而各有各的名稱，藉著相互關連性，形成有意義的秩序世界，我們便安心生活於這種世界中。

另外，日常意識受限於這種存在的差別相，個個事物、事象各有各固有的本質，無法從佛教所說的事物「自性」觀念中解脫。這些不變的實體與思想，造成不動的狀態，並被囚於其中而苦惱，佛教稱此爲分別心或妄念。換句話說，存在世界是從一角落到另一角落的虛像，一切言詞只不過是從一顆心發出，代表心而已。離開心的客觀「唯物」並不存在。

實際上，一切事物、事象時時刻刻生成，也同時衰滅，在這種生與滅的變化中流轉。乍看之下不變不動的各個事物有其固有本質，不斷在變化、無化中存在浮動，這些顯現在眼前的本質，說穿了就像痕跡一樣，可視爲虛構的幻想、幻影。

在此，我們也對日常現實世界的「物」或「事」的世界之實在性中止判斷，而斷定其「在」，應除去事物相互間的境界線，還原於八卦、捕捉八卦的象意，再進一步還原於四象、還原於陰陽，最後還原於陰陽不分的太極。

如此一來，一切事物的差別消滅，空無一物。也就是一切事物相互境界線消失，所以事物融合、混沌化，終於變成「無一物」的空間。

像這種事物還原於太極，萬物解體「空」化，再回到原來差別世界成一體的存在構成秩序，就是「太極→兩儀（陰陽）→四象→八卦→六十四卦」組合成的易的世界。千差萬別的事物雖然外表看來都一樣，但可從「八卦―六十四卦」中捕捉全新次元。

總而言之，「八卦―六十四卦」易的世界，是從一切關聯相合的整體構造中，形成各個事物一開始A是A、B是B的各別關係。在此根本沒有「物」，只有易的記號關係性。

A、B、C、D……等一切事物，就像春夏秋冬或東西南北一樣，相依相關，彼此緣合。從「八卦―六十四卦」的存在關係中，各個A是A、B是B、C是C。在討論一切關聯性時，B、C被區分出來，而A的內部構造不但包含B、C，也有隱藏其他一切事物的可能性。這就是易的世界。

總而言之，如前所述，易八卦中的1卦，同時殘留有其他7卦。取六十四卦中的1卦，也可能隱藏有其他六十三卦。

或者可以這麼說，一個事物或事象生成時，即可視爲是一切萬物同時生成，像這種存在的實相，佛教稱爲「緣起」。所謂「緣起」指的是只有自己無法存在，必須依附自己以外的一切事物，亦即以其他一切爲「緣」，而形成現在之象。一切事物、事象互相依存，而形成現在的世界。

本書介紹的骰子占卜所得到的卦，即可視爲「緣起」。一切都不是單純的偶然、虛構，就像每個人的誕生、一瞬間的相會經驗一樣，全世界之生滅息息相關，這是很嚴肅的課題。

大展出版社有限公司	圖書目錄
地址：台北市北投區11204 致遠一路二段12巷1號 郵撥： 0166955～1	電話：(02) 8236031 8236033 傳眞：(02) 8272069

•法律專欄連載•電腦編號 58

台大法學院 法律學系／策劃
法律服務社／編著

①別讓您的權利睡著了[1]	200元
②別讓您的權利睡著了[2]	200元

•秘傳占卜系列•電腦編號 14

①手相術	淺野八郎著	150元
②人相術	淺野八郎著	150元
③西洋占星術	淺野八郎著	150元
④中國神奇占卜	淺野八郎著	150元
⑤夢判斷	淺野八郎著	150元
⑥前世、來世占卜	淺野八郎著	150元
⑦法國式血型學	淺野八郎著	150元
⑧靈感、符咒學	淺野八郎著	150元
⑨紙牌占卜學	淺野八郎著	150元
⑩ＥＳＰ超能力占卜	淺野八郎著	150元
⑪猶太數的秘術	淺野八郎著	150元
⑫新心理測驗	淺野八郎著	160元
⑬塔羅牌預言秘法	淺野八郎著	200元

•趣味心理講座•電腦編號 15

①性格測驗１	探索男與女	淺野八郎著	140元
②性格測驗２	透視人心奧秘	淺野八郎著	140元
③性格測驗３	發現陌生的自己	淺野八郎著	140元
④性格測驗４	發現你的真面目	淺野八郎著	140元
⑤性格測驗５	讓你們吃驚	淺野八郎著	140元
⑥性格測驗６	洞穿心理盲點	淺野八郎著	140元
⑦性格測驗７	探索對方心理	淺野八郎著	140元
⑧性格測驗８	由吃認識自己	淺野八郎著	140元

⑨性格測驗9	戀愛知多少	淺野八郎著	160元
⑩性格測驗10	由裝扮瞭解人心	淺野八郎著	160元
⑪性格測驗11	敲開內心玄機	淺野八郎著	140元
⑫性格測驗12	透視你的未來	淺野八郎著	140元
⑬血型與你的一生		淺野八郎著	160元
⑭趣味推理遊戲		淺野八郎著	160元
⑮行爲語言解析		淺野八郎著	160元

•婦 幼 天 地• 電腦編號16

①八萬人減肥成果	黃靜香譯	180元
②三分鐘減肥體操	楊鴻儒譯	150元
③窈窕淑女美髮秘訣	柯素娥譯	130元
④使妳更迷人	成　玉譯	130元
⑤女性的更年期	官舒妍編譯	160元
⑥胎內育兒法	李玉瓊編譯	150元
⑦早產兒袋鼠式護理	唐岱蘭譯	200元
⑧初次懷孕與生產	婦幼天地編譯組	180元
⑨初次育兒12個月	婦幼天地編譯組	180元
⑩斷乳食與幼兒食	婦幼天地編譯組	180元
⑪培養幼兒能力與性向	婦幼天地編譯組	180元
⑫培養幼兒創造力的玩具與遊戲	婦幼天地編譯組	180元
⑬幼兒的症狀與疾病	婦幼天地編譯組	180元
⑭腿部苗條健美法	婦幼天地編譯組	180元
⑮女性腰痛別忽視	婦幼天地編譯組	150元
⑯舒展身心體操術	李玉瓊編譯	130元
⑰三分鐘臉部體操	趙薇妮著	160元
⑱生動的笑容表情術	趙薇妮著	160元
⑲心曠神怡減肥法	川津祐介著	130元
⑳內衣使妳更美麗	陳玄茹譯	130元
㉑瑜伽美姿美容	黃靜香編著	150元
㉒高雅女性裝扮學	陳珮玲譯	180元
㉓蠶糞肌膚美顏法	坂梨秀子著	160元
㉔認識妳的身體	李玉瓊譯	160元
㉕產後恢復苗條體態	居理安•芙萊喬著	200元
㉖正確護髮美容法	山崎伊久江著	180元
㉗安琪拉美姿養生學	安琪拉蘭斯博瑞著	180元
㉘女體性醫學剖析	增田豐著	220元
㉙懷孕與生產剖析	岡部綾子著	180元
㉚斷奶後的健康育兒	東城百合子著	220元
㉛引出孩子幹勁的責罵藝術	多湖輝著	170元

㉜培養孩子獨立的藝術	多湖輝著	170元
㉝子宮肌瘤與卵巢囊腫	陳秀琳編著	180元
㉞下半身減肥法	納他夏・史達賓著	180元
㉟女性自然美容法	吳雅菁編著	180元
㊱再也不發胖	池園悅太郎著	170元
㊲生男生女控制術	中垣勝裕著	220元
㊳使妳的肌膚更亮麗	楊　皓編著	170元
㊴臉部輪廓變美	芝崎義夫著	180元
㊵斑點、皺紋自己治療	高須克彌著	180元
㊶面皰自己治療	伊藤雄康著	180元
㊷隨心所欲瘦身冥想法	原久子著	180元
㊸胎兒革命	鈴木丈織著	180元
㊹NS磁氣平衡法塑造窈窕奇蹟	古屋和江著	180元

・青 春 天 地・電腦編號 17

①A血型與星座	柯素娥編譯	160元
②B血型與星座	柯素娥編譯	160元
③O血型與星座	柯素娥編譯	160元
④AB血型與星座	柯素娥編譯	120元
⑤青春期性教室	呂貴嵐編譯	130元
⑥事半功倍讀書法	王毅希編譯	150元
⑦難解數學破題	宋釗宜編譯	130元
⑧速算解題技巧	宋釗宜編譯	130元
⑨小論文寫作秘訣	林顯茂編譯	120元
⑪中學生野外遊戲	熊谷康編著	120元
⑫恐怖極短篇	柯素娥編譯	130元
⑬恐怖夜話	小毛驢編譯	130元
⑭恐怖幽默短篇	小毛驢編譯	120元
⑮黑色幽默短篇	小毛驢編譯	120元
⑯靈異怪談	小毛驢編譯	130元
⑰錯覺遊戲	小毛驢編譯	130元
⑱整人遊戲	小毛驢編著	150元
⑲有趣的超常識	柯素娥編譯	130元
⑳哦！原來如此	林慶旺編譯	130元
㉑趣味競賽100種	劉名揚編譯	120元
㉒數學謎題入門	宋釗宜編譯	150元
㉓數學謎題解析	宋釗宜編譯	150元
㉔透視男女心理	林慶旺編譯	120元
㉕少女情懷的自白	李桂蘭編譯	120元
㉖由兄弟姊妹看命運	李玉瓊編譯	130元

㉗趣味的科學魔術	林慶旺編譯	150元
㉘趣味的心理實驗室	李燕玲編譯	150元
㉙愛與性心理測驗	小毛驢編譯	130元
㉚刑案推理解謎	小毛驢編譯	130元
㉛偵探常識推理	小毛驢編譯	130元
㉜偵探常識解謎	小毛驢編譯	130元
㉝偵探推理遊戲	小毛驢編譯	130元
㉞趣味的超魔術	廖玉山編著	150元
㉟趣味的珍奇發明	柯素娥編著	150元
㊱登山用具與技巧	陳瑞菊編著	150元

・健康天地・電腦編號18

①壓力的預防與治療	柯素娥編譯	130元
②超科學氣的魔力	柯素娥編譯	130元
③尿療法治病的神奇	中尾良一著	130元
④鐵證如山的尿療法奇蹟	廖玉山譯	120元
⑤一日斷食健康法	葉慈容編譯	150元
⑥胃部強健法	陳炳崑譯	120元
⑦癌症早期檢查法	廖松濤譯	160元
⑧老人痴呆症防止法	柯素娥編譯	130元
⑨松葉汁健康飲料	陳麗芬編譯	130元
⑩揉肚臍健康法	永井秋夫著	150元
⑪過勞死、猝死的預防	卓秀貞編譯	130元
⑫高血壓治療與飲食	藤山順豐著	150元
⑬老人看護指南	柯素娥編譯	150元
⑭美容外科淺談	楊啟宏著	150元
⑮美容外科新境界	楊啟宏著	150元
⑯鹽是天然的醫生	西英司郎著	140元
⑰年輕十歲不是夢	梁瑞麟譯	200元
⑱茶料理治百病	桑野和民著	180元
⑲綠茶治病寶典	桑野和民著	150元
⑳杜仲茶養顏減肥法	西田博著	150元
㉑蜂膠驚人療效	瀨長良三郎著	180元
㉒蜂膠治百病	瀨長良三郎著	180元
㉓醫藥與生活	鄭炳全著	180元
㉔鈣長生寶典	落合敏著	180元
㉕大蒜長生寶典	木下繁太郎著	160元
㉖居家自我健康檢查	石川恭三著	160元
㉗永恒的健康人生	李秀鈴譯	200元
㉘大豆卵磷脂長生寶典	劉雪卿譯	150元

國家圖書館出版品預行編目資料

骰子開運易占/立野清隆著；李芳黛譯
——初版，——臺北市，大展，民86
面；　　公分，——（命理與預言；50）
譯自：開運！ダイス易占
ISBN 957-557-746-9（平裝）
1.占卜
292.1　　86009328

骰子開運易占　ISBN 957-557-746-9
原著者/立野清隆
編譯者/李　芳　黛
發行人/蔡　森　明
出版者/大展出版社有限公司
社　址/台北市北投區（石牌）致遠一路2段12巷1號
電　話/（02）8236031・8236033
傳　真/（02）8272069
郵政劃撥/0166955-1
登記證/局版臺業字第2171號
承印者/高星企業有限公司
裝　訂/日新裝訂所
排版者/弘益電腦排版有限公司
電　話/（02）7403609・7112792
初版1刷/1997年（民86年）9月

定　價/250元

大展好書 好書大展

大展好書 好書大展